21世纪高等院校计算机实用技术系列教材

PowerPoint
多媒体课件制作实用教程
第4版·微课视频版

缪亮 孙毅芳 主编

清华大学出版社
北京

内 容 简 介

本书是畅销教材《PowerPoint多媒体课件制作实用教程》(第3版)的修订升级版。在保留原书优秀风格的基础上,总结了近几年在各级教学、培训中的使用经验,对教材结构进行了调整,更加注重PowerPoint课件制作技术的实用性。

PowerPoint是一款简单易学、应用广泛的多媒体课件制作软件,本书以制作多媒体课件的实例为主线,层次分明、条理清楚地讲述了利用PowerPoint制作多媒体课件的方法和技巧。

全书共9章。第1~7章围绕制作一个课件实例的完整过程,详细讲解了利用PowerPoint制作多媒体课件的方法和技巧;第8章通过一系列典型课件实例,剖析了PowerPoint制作多媒体课件的疑难问题;第9章通过5个综合课件实例(每个学科一个)全方位介绍了PowerPoint课件制作的过程。

本书可作为师范院校的多媒体课件制作教材、各级教师的培训教材,也可作为中小学各科教师、多媒体课件制作人员及PowerPoint制作爱好者的自学参考书。

本书封面贴有清华大学出版社防伪标签,无标签者不得销售。
版权所有,侵权必究。举报:010-62782989,beiqinquan@tup.tsinghua.edu.cn。

图书在版编目(CIP)数据

PowerPoint多媒体课件制作实用教程:微课视频版/缪亮,孙毅芳主编. —4版. —北京:清华大学出版社,2023.3(2024.8重印)
21世纪高等院校计算机实用技术系列教材
ISBN 978-7-302-62957-3

Ⅰ. ①P… Ⅱ. ①缪… ②孙… Ⅲ. ①多媒体课件-制作-图形软件-高等学校-教材 Ⅳ. ①G434

中国国家版本馆CIP数据核字(2023)第038519号

策划编辑:魏江江
责任编辑:王冰飞 吴彤云
封面设计:刘 键
责任校对:申晓焕
责任印制:杨 艳

出版发行:清华大学出版社
网 址:https://www.tup.com.cn,https://www.wqxuetang.com
地 址:北京清华大学学研大厦A座 邮 编:100084
社 总 机:010-83470000 邮 购:010-62786544
投稿与读者服务:010-62776969,c-service@tup.tsinghua.edu.cn
质量反馈:010-62772015,zhiliang@tup.tsinghua.edu.cn
课件下载:https://www.tup.com.cn,010-83470236

印 装 者:三河市天利华印刷装订有限公司
经 销:全国新华书店
开 本:185mm×260mm 印 张:13.25 字 数:322千字
版 次:2005年3月第1版 2023年5月第4版 印 次:2024年8月第3次印刷
印 数:84501~86000
定 价:49.80元

产品编号:094726-01

前　言

　　党的二十大报告指出：教育、科技、人才是全面建设社会主义现代化国家的基础性、战略性支撑。必须坚持科技是第一生产力、人才是第一资源、创新是第一动力，深入实施科教兴国战略、人才强国战略、创新驱动发展战略，开辟发展新领域新赛道，不断塑造发展新动能新优势。高等教育与经济社会发展紧密相连，对促进就业创业、助力经济社会发展、增进人民福祉具有重要意义。

　　一线教师都希望能独立制作多媒体课件，PowerPoint 无疑是最好的入门软件。使用 PowerPoint 制作多媒体课件不用掌握高深的编程技术，只需要将展示的教学内容添加到一张张幻灯片上，然后设置好这些内容的动画显示效果以及幻灯片的放映控制等属性，就可以制作出包含文字、图片、声音、视频、动画等多种媒体的课件。

　　PowerPoint 是微软公司 Office 办公软件中的一款多媒体演示文稿制作软件，它具有容易掌握、效果直观、结构清晰的特点，在外观设计、动画效果、幻灯片切换效果等方面也表现突出。在课件制作过程中，可以充分利用这些功能设计出精美的课件内容和幻灯片切换效果。另外，充分利用超链接、动作和 VBA 编程可以设计出具有很强交互性的 PowerPoint 课件。

关于改版

　　本书是《PowerPoint 多媒体课件制作实用教程》(第 3 版)的修订升级版。《PowerPoint 多媒体课件制作实用教程》自 2005 年出版以来共重印 29 次，累计发行 8 万余册。由于教材内容新颖、实用，深受广大中小学教师、师范院校师生的欢迎，目前全国已有几十所师范院校选择本书作为正式的 CAI 教材，许多地区的中小学教师的继续教育培训都使用本书作为 CAI 培训教材。随着教材使用经验、读者反馈信息的不断积累，教材的修订迫在眉睫。

　　本书主要对以下几方面进行了改进。

　　(1) PowerPoint 软件版本升级为 2010 简体中文版，兼顾各级学校的实际情况和需求。

　　(2) 对一些文字叙述和插图进行了优化，使教材更科学、更清晰。

　　(3) 开发了更加专业的微课视频，涵盖教材全部内容，方便教师辅助教学和学生自主学习。

本书特点

1. 以课件实例为中心，图书结构合理

　　目前市场上关于 PowerPoint 的书很多，但真正以课件制作为中心的书却很少。本书突破了同类图书偏重软件技术介绍的局限，不是按照软件本身技术的知识结构编写图书，而是从一个完整的课件实例出发，围绕课程的需要，重新对软件技术知识点进行设计和架构。这样，图书内容更具针对性，可使读者在课件实例的制作过程中轻松地掌握制作课件的知识和方法。本书结构设计层次分明，内容叙述条理清楚，课件实例的选择难易结合，知识架构循序渐进，将软件的使用方法和课件的制作思路、方法、技巧等紧密地结合起来。

2. 配套微课视频，让教学更加轻松

　　为了让读者更轻松地掌握 PowerPoint 课件制作技术，编者精心制作了配套微课视频。微课视频完全与教材内容同步，共 20 小时超大容量的教学内容，全程语音讲解，真实操作演示,让读者一学就会。

3. 资源丰富,实用性强

本书提供教学大纲、教学课件、实践题库、书中的课件范例源文件及相应的素材。所有课件实例的制作集专业性、艺术性、实用性于一身,非常适合中小学各科教师学习使用,可以将这些课件直接应用到教学中,或者以这些课件实例为模板稍作修改,举一反三,制作出更多、更实用的课件。

资源下载提示

课件等资源:扫描封底的"课件下载"二维码,在公众号"书圈"下载。

素材(源码)等资源:扫描目录上方的二维码下载。

视频等资源:扫描封底的文泉云盘防盗码,再扫描书中相应章节的二维码,可以在线学习。

本书编者

参与本书编写的人员是有多年教学经验的资深教师和从事多媒体课件开发的专业技术人员,具有丰富的教学经验和课件制作经验。他们的课件作品曾多次荣获国家级、省级奖励。其中,缪亮教授还多次担任全国NOC多媒体课件大赛裁判长。

本书由缪亮(负责编写第1~4章)和孙毅芳(负责编写第5~8章)主编,徐丽媛负责编写了第9章。

另外,感谢开封文化艺术职业学院、聊城幼儿师范学校对本书创作给予的支持和帮助。

编 者

目 录

源文件、素材下载

第 1 章 多媒体课件入门 ··· 1

1.1 课件基础 ··· 1
  1.1.1 多媒体课件的概念 ··· 1
  1.1.2 多媒体课件的种类 ··· 2
  1.1.3 多媒体课件的作用 ··· 3
  1.1.4 多媒体课件与微课 ··· 3
1.2 课件脚本 ··· 4
  1.2.1 什么是课件脚本 ·· 4
  1.2.2 如何编写课件脚本 ··· 4
1.3 多媒体课件素材的获取与处理 ·· 7
  1.3.1 素材的基础知识 ·· 7
  1.3.2 素材的获取 ·· 8
  1.3.3 素材的处理 ·· 10

第 2 章 初识 PowerPoint ··· 15

2.1 认识 PowerPoint 的工作环境 ·· 15
  2.1.1 PowerPoint 的启动方法 ·· 15
  2.1.2 PowerPoint 的工作界面 ·· 15
  2.1.3 幻灯片编辑区 ··· 21
2.2 用 PowerPoint 创建课件 ·· 21
  2.2.1 创建空演示文稿课件 ·· 22
  2.2.2 根据样本模板创建课件 ··· 23
  2.2.3 根据已安装的主题创建课件 ····································· 24
  2.2.4 根据现有演示文稿创建课件 ····································· 26
  2.2.5 根据 Office.com 创建课件 ······································· 26
2.3 PowerPoint 的视图模式 ··· 28
  2.3.1 普通视图 ··· 28
  2.3.2 幻灯片浏览视图 ·· 30
  2.3.3 阅读视图 ··· 30
  2.3.4 幻灯片放映视图 ·· 30

第 3 章 制作课件片头 ··· 33

3.1 策划课件外观 ·· 33

3.1.1 选择幻灯片主题 ·· 33
3.1.2 自定义主题 ·· 34
3.1.3 选择幻灯片版式 ··· 39
3.2 插入课件标题与作者信息 ··· 40
3.2.1 插入图片 ·· 40
3.2.2 插入和编辑艺术字 ··· 43
3.2.3 输入与编排文字 ··· 48
3.3 添加背景音乐 ·· 48
3.3.1 插入音频 ·· 48
3.3.2 设置音频属性 ·· 50
3.3.3 录音 ··· 51
3.4 课件的保存 ··· 51
3.4.1 保存课件 ·· 52
3.4.2 自动保存课件 ·· 52
3.4.3 加密保存课件 ·· 53

第 4 章 制作课件主控导航界面 ·· 55

4.1 创建"主控导航"幻灯片 ·· 55
4.1.1 添加新幻灯片 ·· 55
4.1.2 在第 2 张幻灯片中编辑导航界面 ·· 57
4.2 实现课件的交互导航功能 ·· 62
4.2.1 实现单击卡通图片时跳转到相应的课件模块 ·························· 62
4.2.2 实现返回到主控导航界面的功能 ·· 63
4.3 超链接详解 ··· 66
4.3.1 链接到现有文件或网页以及链接到电子邮件地址 ·················· 66
4.3.2 常规动作按钮超链接 ··· 68
4.4 变化无穷的主控导航界面 ·· 70
4.4.1 绘制图形 ·· 71
4.4.2 给图形添加文字 ··· 73

第 5 章 制作课件内容 ··· 76

5.1 创建第 3 张幻灯片("导入"模块) ··· 76
5.1.1 利用绘图功能创建"卡通笑脸"图形 ····································· 77
5.1.2 创建"猜猜看"艺术字特效 ·· 79
5.1.3 创建谜语文字的图片效果 ··· 81
5.2 创建第 4 张幻灯片("新授"模块) ··· 83
5.2.1 创建表格及表格文字 ··· 84

5.2.2　录制旁白 ·· 87
　　5.2.3　实现"意境动画"按钮的导航功能 ·································· 88
5.3　创建第 5 张幻灯片("练习"模块) ·· 88
　　5.3.1　创建矩形 ·· 88
　　5.3.2　创建标题图形 ·· 89
5.4　动画方案 ··· 90
　　5.4.1　幻灯片切换效果设计 ·· 90
　　5.4.2　为幻灯片中的对象添加动画效果 ··· 91

第 6 章　控件及母版的应用 ··· 96

6.1　创建第 6 张幻灯片("小结"模块) ·· 96
　　6.1.1　添加文本框控件 ·· 97
　　6.1.2　设置文本框控件的属性 ··· 99
　　6.1.3　创建文本框中的文字 ·· 100
6.2　创建第 7 张幻灯片(展示 Flash 动画) ··· 100
　　6.2.1　利用 Flash 控件插入 Flash 动画 ······································· 101
　　6.2.2　通过插入对象的方法插入 Flash 动画 ································ 103
6.3　编辑第 5 张幻灯片(添加视频) ··· 106
　　6.3.1　直接插入视频 ·· 106
　　6.3.2　利用视频控件插入视频 ·· 107
6.4　自定义课件背景——母版的应用 ·· 109
　　6.4.1　母版简介 ·· 109
　　6.4.2　定制"咏鹅"课件背景 ··· 110

第 7 章　课件的放映和发布 ·· 116

7.1　放映 PowerPoint 课件 ··· 116
　　7.1.1　设置课件的放映方式 ·· 116
　　7.1.2　自动循环放映幻灯片 ·· 118
　　7.1.3　自定义幻灯片放映方案 ·· 120
7.2　发布 PowerPoint 课件 ·· 122
　　7.2.1　将 PowerPoint 课件打包成 CD 数据包 ······························· 122
　　7.2.2　直接复制课件 ·· 124
　　7.2.3　将 PPT 课件发布为其他格式 ··· 124

第 8 章　PowerPoint 课件制作常见问题和技巧 ···································· 127

8.1　典型课件制作方法 ·· 127
　　8.1.1　在课件中添加汉语拼音和英语国际音标 ······························· 127

8.1.2 创建数学公式 130
8.1.3 制作电路图课件 132
8.1.4 制作图表课件 134
8.1.5 制作知识结构图课件 138
8.2 动画功能在课件中的应用实例 140
8.2.1 制作平抛运动课件 140
8.2.2 制作正弦波课件 145
8.3 PowerPoint 课件制作高级应用 147
8.3.1 用自定义按钮控制视频的播放 147
8.3.2 利用动画触发器制作交互练习题课件 150
8.3.3 利用 VBA 制作智能标准测验题课件 153

第 9 章 PowerPoint 课件综合实例 159

9.1 小学数学教学实例——买书 159
    9.1.1 教学思路 159
    9.1.2 脚本设计 159
    9.1.3 实战制作 162
9.2 初中英语教学实例——Bill Gates 170
    9.2.1 教学思路 170
    9.2.2 脚本设计 171
    9.2.3 实战制作 172
9.3 初中数学教学实例——相似三角形的性质 180
    9.3.1 教学思路 180
    9.3.2 脚本设计 180
    9.3.3 实战制作 181
9.4 中学化学教学实例——分子和原子(复习课) 188
    9.4.1 教学思路 188
    9.4.2 脚本设计 188
    9.4.3 实战制作 189
9.5 中学物理教学实例——牛顿第一定律 197
    9.5.1 教学思路 197
    9.5.2 脚本设计 198
    9.5.3 实战制作 198

第 1 章 多媒体课件入门

视频讲解

　　随着翻转课堂、微课、慕课等教育技术的应用普及,充分运用多媒体课件进行计算机辅助教学(Computer Aided Instruction,CAI)已经成为教育界的共识。多媒体课件改变了几百年来"一支粉笔、一块黑板"的传统教学手段,它以生动的画面、形象的演示,给人以耳目一新的感觉。

　　然而,多媒体课件的制作往往困扰着一线教师,素材的收集和整理、课件中动画的制作、复杂的编程等常常让人望而却步。希望读者通过本书的学习,能够快速、轻松地掌握多媒体课件的制作。

　　本章主要内容:
- 课件基础
- 课件脚本
- 多媒体课件素材的获取与处理

1.1　课　件　基　础

　　课件是教育领域的一个热门话题,大部分教师对课件都有所了解。那么,到底什么是课件呢？课件有哪些类型？课件的作用又是什么？下面就一一回答这些问题。

1.1.1　多媒体课件的概念

视频讲解

　　课件(Courseware)是在一定的学习理论指导下,根据教学目标设计的反映某种教学策略和教学内容的计算机文档或可运行软件。从广义上讲,凡具备一定教学功能的教学软件都可称为课件。课件可以说是一种课程软件,也就是说,其中必须包括具体学科的教学内容。

　　通常所说的课件一般都是指多媒体课件。多媒体(Multimedia)是指信息表示媒体的多样化,它能够同时获取、处理、编辑、存储和展示两种以上不同类型信息媒体的技术。这些信息媒体包括文字、图形、图像、动画、声音和视频等。多媒体课件是指以计算机为核心,交互地综合处理文本、图形、图像、动画、声音和视频等多种信息的一种教学软件,如图 1.1 所示。

　　通过多媒体课件,可以将一些平时难以表述清楚的教学内容(如实验演示、情境创设、交互练习等)生动形象地展示给学生。学生通过视觉、听觉等多方面参与,更好地理解和掌握教学内容,培养学习兴趣,活跃课堂气氛,同时也拓展了学生信息获取的渠道。因此,多媒体课件辅助教学,使教

图 1.1 多媒体课件

师和学生教与学的手段多样化,近年来被广泛应用于教学领域。

有的专家对多媒体课件的概念是这样定义的:多媒体课件是指用于辅助教师的"教"或促进学生自主地"学",以突破课堂教学中的重点、难点,从而提高课堂教学质量与效率的多媒体教学软件。

课件制作软件非常多,如 Flash、Authorware、PowerPoint、几何画板、Director 等,那么本书为什么单单选用 PowerPoint 呢?

首先,很少有计算机不安装 Office 软件,而安装了 Office 软件,肯定就会安装 PowerPoint。这样,无论在哪台计算机上都可以进行课件的开发制作和运行修改。其次,PowerPoint 的界面十分友好,操作十分简单,很多人都使用过 Word,这就成功一半了,因为 PowerPoint 和 Word 有着统一的界面和操作方法。再次,PowerPoint 有多种模板,稍加修改就可以制作出具有自己特色的课件,而且它支持多种多媒体格式,所以大家完全可以选用这款软件作为开发课件的有力武器。

1.1.2 多媒体课件的种类

在制作课件之前,有必要认识一下多媒体课件的种类。如果按学科,可以分为语文、数学、外语等;如果按学段,可以分为幼儿园、小学、初中、高中、大学等;如果按制作工具,可以分为 PowerPoint、Flash、Authorware、几何画板、Director 等;如果按课件开发与运行环境,可以分为单机版和网络版;如果按课件使用目的,可以分为个别指导型、练习训练型、问答型、模拟游戏型和问题解决型。

根据实现功能,多媒体课件可以分为以下类型。

(1) **课堂演示型**。这种课件就好像是一段单向放映的影片,用户只充当观众的角色。这种课件主要用于辅助教师进行课堂讲授,解决教学重点、难点问题,往往经过良好的教学设计,体现具体的教学内容。

(2) **学生自主学习型**。在多媒体 CAI 网络教室环境下,学生利用计算机、智能手机、iPad 等终端设备进行个别化自主学习。目前流行的网络课件多数就是这种类型。

(3) **检索阅读型**。学生在课余时间进行资料的检索或浏览,以获取信息,扩大知识面,如各种电子工具书、电子字典及各类图形、动画库等。

(4) **教学游戏型**。这种课件寓教于乐,通过游戏的形式,教会学生掌握学科的知识和能力,并引发学生对学习的兴趣。

(5) **人工智能型**。这种课件的最大特色是具有模拟的人工智能,可以根据用户的答题情况判定用户的当前水平,从而生成适合用户个人的个性化学习内容。

根据课件制作结构,多媒体课件可以分为以下类型。

(1) **直线型课件**。顾名思义,直线型课件的最大特点是结构简单、演示方便,整个课件流程如同一条直线顺序向下运行。

(2) **分支型课件**。此类课件与直线型课件的最大区别在于课件结构为树状结构,能根据教学内容的变化、学生的差异程度对课件的流程进行有选择的控制执行。

(3) **模块化课件**。模块化课件是一种比较完善的课件结构,根据教学目的将教学内容中的某一部分或某个知识点制作成一个个课件模块,教师可根据教学内容选择相应的课件模块进行教学。由于模块化设计,可在课件运行过程中进行重复演示,十分方便教学。

(4) 积件型课件。所谓积件,简单来说,就是将各门学科的知识内容分解成一个个标准知识点(积件)存储在教学资源库中,一个标准知识点(积件)可以看作阐述某个知识内容同时包含相关练习及呈现方式、相关知识链的一个完整教学单元。积件型课件最大的优势在于它的系统性、开放性和可重复使用。

专家点拨:通常意义的课件都是面向教师的,目前还有一种面向学生的课件——学件,主要用于学习者的自主学习,如交互式测试、模拟实验、教育游戏、学习专题等。

1.1.3 多媒体课件的作用

视频讲解

课件通过与学习者的交互作用,使学习者更直观、更轻松地获得知识和技能,达到教学目的。

(1) 利用多媒体计算机的视、听效果,创设问题情境,激发学生的学习兴趣,提高课堂时效。例如,在传统的教学活动中,教师对教学内容的描述大多是通过粉笔和黑板进行的,是一种"单媒体"的活动。多媒体教学课件具有形象生动的演示、动听悦耳的音响效果,给学生以新颖感、惊奇感,调动了学生的视觉、听觉神经,从而使学生在教师设计的"激发疑问-创设问题情境-分析问题-解决问题"的各环节中都能保持高度的兴趣,学习效果明显提高。

(2) 利用多媒体计算机的演播功能,展示动态图形,揭示问题本质,提高课堂时效。动画演示是非常方便的,通过演示把抽象问题形象化,把静态问题动态化,"数"由"形"来描绘,"形"由"数"来表达,达到"数"和"形"的沟通。

(3) 利用多媒体计算机的文本功能,美化教学内容,完善教学方案,因材施教,提高课堂时效。与普通投影仪、实物投影仪相比,多媒体计算机处理文字信息有其独特的优势。例如,它能根据需要按不同的顺序展示文字信息,字体多样,色彩丰富,效果奇特;还具有切换功能和删除功能等。教学时,先把有关文字信息输入计算机。课堂上,根据实际需要,随时可调出信息,并按各种不同顺序投影到大屏幕上。对于选择题,也不再像以前那样反馈一个冷冰冰的√或×,而是反馈富有情感的惊叹声或鼓掌声,如果选错,还可根据意愿再做相应的练习以巩固所学知识。运用CAI手段将教学方案设计得更加严密完善,大大提高了教学的针对性,符合因材施教原则,这是实施素质教育的体现。

需要明确的是,计算机不可能解决教学中的所有问题,夸大CAI的作用,试图以CAI完全代替传统教学手段的做法是不现实的。无论传播媒体怎样先进,不管它的功能如何完善,它们都不可能完全取代传统教学手段。

CAI与传统教学的关系是一种有机整合的互补关系。现代信息技术带给教育的不仅是手段与方法的变革,还是包括教育观念、教育模式在内的一场历史性变革。因此,如果不能更新观念、改变模式,信息技术的运用不仅不会提高教育效益,还会导致教育资源的浪费。

1.1.4 多媒体课件与微课

视频讲解

随着信息技术的不断更新与发展,现代信息技术服务于教学的方式和手段也发生了巨大变化,其中以微课技术、慕课、翻转课堂最为热门,成为教育界广泛讨论的话题。各层次学校掀起的微课热更是引起了教育工作者的广泛关注,并纷纷投入实践当中。

微课是以阐述某一知识点为目标,以短小精悍的在线视频为表现形式,以学习或教学应用为目的的在线教学视频。微课的制作方式非常多，其中一个比较常用的方式是利用屏幕录制软件进行录制。要想用屏幕录制软件录制出优秀的微课视频，首先要设计和制作出出色的微课课件。

微课视频一般在 10min 以内，集中讲解一个知识点，具有自身的特点。因此，微课课件不同于传统课堂的课件，在设计和制作中要刻意设置提示性话语、提问式的语句，以更好地促进师生互动；尽量把静态的课本内容动起来，从而激发学生的学习兴趣；设置小结和反思部分，让学生养成勤总结、常反思的习惯。

不管是微课，还是慕课、翻转课堂，对于一般教师，用新思维制作好多媒体课件是当前最核心的首要任务。

1.2 课件脚本

视频讲解

在利用 PowerPoint 制作课件之前，编写课件脚本是一个十分重要的环节。有的教师不重视课件脚本的编写，制作课件时就直接在 PowerPoint 中完成，这是十分不可取的。这种方法往往会使课件的制作带有很大的随意性，想到哪里就制作到哪里，出现问题时就重新制作，效率特别低，制作出的课件效果也不好。

如果能把课件的制作当作一个系统工程来设计，那么必定可以更高效、更科学地制作出需要的课件。在制作课件之前，先系统地设计好课件脚本，然后根据课件脚本在 PowerPoint 中进行课件制作。这才是课件制作的科学方法。

1.2.1 什么是课件脚本

课件脚本是将课件的教学内容、教学策略进一步细化，具体到课件的每幅画面的呈现信息、画面设计、交互方式以及学习的控制，它是课件编制的直接依据，就像影片的编制不能直接依据文学剧本，而是要根据分镜头稿本进行拍摄一样。

这里的课件脚本通常是指文字脚本，既体现了软件教学设计的思想，同时也为课件的制作打下了基础。

1.2.2 如何编写课件脚本

要编写一个好的课件脚本，首先要对课件的使用有一些认识；然后写清楚教学目的、要突破的重难点、设计过程；设计过程最好是分版块写，如引入、新授、复习等部分各需要什么样的内容；最后绘制出一个课件设计的草图，如图片、文字、按钮出现的顺序、位置等。总之，拥有一个设计充分的课件脚本，才能制作出一个好的课件。

下面以一首大家熟悉的古诗《咏鹅》为例进行课件脚本的编写，供广大教师参考。

（1）制作一张表格，主要填写课件题目、教学目标、创作平台、创作思路和内容简介等信息，如表 1.1 所示。

表 1.1　课件教学目标等信息的描述

课件题目	咏鹅	创作思路	（略）
教学目标	（略）	内容简介	（略）
创作平台	PowerPoint 2010		

（2）设计好课件整体结构，如图1.2所示。导入、新授、练习、小结是课件的4个主要功能模块，其中导入、练习、小结3个模块的内容分别利用一张幻灯片实现，而新授模块的内容利用两张幻灯片（这两张幻灯片通过超链接交互控制）实现。

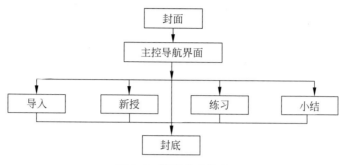

图1.2　课件整体结构

（3）逐步完成脚本卡片的编写，如表1.2所示。

表1.2　脚本卡片的编写（共8个模块）

页面序号	1	页面内容简要说明	课件的封面（片头）
屏幕显示			图片　　　　咏鹅 　　　　　　作者：骆宾王
说明			1. "咏鹅"两字为艺术字 2. 插入鹅的图片 3. 加背景音乐
页面序号	2	页面内容简要说明	主控导航界面的制作
屏幕显示			带"导入"字样的插图　　带"新授"字样的插图 带"练习"字样的插图　　带"小结"字样的插图
说明			1. 一共4幅图片，每幅图片都带提示文字，便于操作 2. 每幅图片都分别链接到相应的幻灯片

续表

页面序号	3	页面内容简要说明	导入部分
屏幕显示			卡通笑脸　猜猜看　头戴红帽子　身穿白袍子　走路摆架子　说话伸脖子　返回
说明			1. "卡通笑脸"用 PowerPoint 2010 的绘图工具绘制 2. "猜猜看"是艺术字,谜语文字是图片 3. "返回"为按钮,链接到第 2 张幻灯片
页面序号	4	页面内容简要说明	新授部分
屏幕显示			意境动画　鹅的古诗　返回
说明			1. "鹅的古诗"为文本框,并以表格形式出现,每个字都注上拼音;录制旁白 2. "意境动画"为按钮,链接到第 7 张幻灯片,内容为插入的 Flash 动画 3. "返回"为按钮,链接到第 2 张幻灯片
页面序号	5	页面内容简要说明	练习部分
屏幕显示			学了本诗后,请你画一只鹅!　画图区　返回
说明			1. 主要运用 PowerPoint 2010 的绘图功能 2. "返回"为按钮,链接到第 2 张幻灯片
页面序号	6	页面内容简要说明	小结部分
屏幕显示			滚动文本框　返回
说明			1. 滚动文本框中包含古诗的总结性文字 2. "返回"为按钮,链接到第 2 张幻灯片

续表

页面序号	7	页面内容简要说明	Flash 动画
屏幕显示			带朗读的 Flash动画　　　返回
说明			1. Flash 动画中要求带朗读,并突出意境 2. "返回"为按钮,链接到第 4 张幻灯片
页面序号	8	页面内容简要说明	课件的封底
屏幕显示			谢谢大家! 一些网站的链接地址
说明			1. "谢谢大家!"为艺术字 2. "一些网站的链接地址"为超链接

专家点拨：介绍用 PowerPoint 2010 制作多媒体课件的技术,就需要选择一个脚本作为载体。以上编写了"咏鹅"课件的详细脚本,本书将围绕这个脚本循序渐进地制作出"咏鹅"这个多媒体课件。这里需要提醒的是,虽然"咏鹅"是一个语文课件实例,但它承担的也仅仅是一个具体脚本内容的任务。所以,无论是哪个学科的教师,只要跟着本书一步步学习,一定能掌握用 PowerPoint 2010 制作多媒体课件的技术。

通过课件脚本的编写,可以体现出作者的设计思想,也为课件的制作提供直接依据;如果课件不是设计者亲自制作,也方便设计者和制作者沟通思路。

1.3　多媒体课件素材的获取与处理

多媒体课件的制作是一个系统工程,单一的软件工具一般很难完成课件制作任务,本书以 PowerPoint 为中心研究课件制作技术,但是课件中使用的大量多媒体素材,PowerPoint 却并不都能够处理。因此,课件素材从某方面也影响课件的质量。下面就先了解一些关于课件素材的相关知识。

1.3.1　素材的基础知识

在多媒体课件中,多媒体素材一般包括文本、图片(图形、图像)、声音、视频和动画等。

文本：文本是多媒体课件中最基础的元素。课件中大部分文字内容都是通过文本展

视频讲解

视频讲解

视频讲解

示的。

图形：多媒体课件不能缺少直观的图形，就像报刊离不开图片一样，图形是多媒体最基本的要素。PowerPoint 软件具有强大的图形绘制功能。

图像：图像能形象展示教学内容，能解决难以用文字或语言描述的教学内容，特别对于低年级学生，能极大地激发他们学习的兴趣。一般来说，图像有两种主要类型：位图和矢量图。位图由像素构成，分辨率的大小决定图像的大小，低分辨率的图像放大后会模糊不清。矢量图是用数学方式绘制的曲线和其他几何体组成的图形，矢量图可随意放大而不改变清晰度。

声音：声音主要包括音乐和声效。声音是多媒体的重要组成部分，它除了给多媒体带来令人惊奇的效果外，还最大限度地影响展示效果，声音可使多媒体课件不再沉闷，从而引导、激发学生的兴趣。在多媒体课件中合理地使用声音，可以增强课件的感染力。

视频和动画：视频和动画能增加课件的趣味性，易于展开生动形象的教学，极大地吸引学生的注意力。视频和动画对学生的吸引力是前面几种素材所不能替代的。

一般多媒体素材的文件格式如下。

文本：TXT、RTF、HTM、DOC 等。
图片：BMP、GIF、JPG、PNG、TIF、DIB、TGA、PIC、WMF、EMF 等。
声音：WAV、MID、MP3、MP2 等。
视频：AVI、MP4、MPG、MOV、WMV、FLV、RM、ASF 等。
动画：GIF、SWF、FLC、AVI、FLI 等。

视频讲解

1.3.2 素材的获取

课件制作不是一项轻松的工作，除了精心设计之外，素材的收集也是比较困难的事情，制作者往往要花费大量的时间，还不一定能达到理想的效果。那么，有没有方法解决这一难题呢？

视频讲解

1. 图片的获取

收集图片资料，工夫都在平时。可以充分利用扫描仪和数码相机的作用，把卡通杂志中一些生动有趣的图片扫描下来，存储在计算机中，甚至根据需要用图形软件做进一步处理，归类存放，在制作课件时就会比较方便。

视频讲解

在网页上能看到许多精彩的图片和动画（GIF 格式），可以在图片或动画上右击，在弹出的快捷菜单中选择"复制"命令，然后"粘贴"在自己的计算机中，通过这种方法可以收集到各种所需的图片或动画。此外，网上也有许多专业的图库可供下载。

专家点拨：这里所说的动画是指 GIF 格式的动画，如果是 Flash 动画，不能简单地复制、粘贴下来。对于 Flash 动画的获取，下面会讲解相应的方法。

在观看光盘或玩一些游戏时，可以看到许多精彩的画面，假如想得到这些画面，只要按 PrintScreen 键，然后打开一个图形处理软件（如 Adobe Photoshop），执行"粘贴"命令，图片就可以保存在计算机中，这种方法更为简单可行，只要是能看到的画面都可以保存。

2. 声音的获取

声音素材的获取方法一般有从网络下载、从 CD 中选取、利用录音软件自己录制等。其中，从网络下载一般是下载 MP3 格式的声音文件，既方便又简单，在这里不再赘述，下面简单介绍另一种方法。

目前除了从网络下载外,声音素材的最大来源就是利用软件直接从 DVD、CD 上获取。下面主要介绍使用豪杰超级解霸从 DVD 获取声音素材的方法。

(1) 将需要转换的 DVD 放入光驱中,单击计算机的"开始"菜单,执行"程序"→"豪杰超级解霸 V8"→"音频解霸 A8"菜单命令,打开豪杰音频解霸,如图 1.3 所示。

图 1.3　豪杰音频解霸运行界面

(2) 执行"文件"→"自动搜索播放光盘"菜单命令,豪杰音频解霸便开始播放影音文件。单击"选曲"菜单,在弹出的菜单中选择要转换的歌曲,如图 1.4 所示。

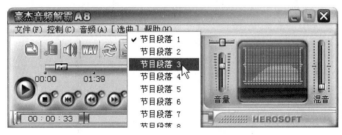

图 1.4　选择歌曲

(3) 单击"循环"按钮,这时整个播放区变为蓝色,而"选择开始点"按钮、"选择结束点"按钮和"保存为 MP3"按钮变为可用,这时便可以对歌曲进行录制了。

(4) 先将需要转换的歌曲听一遍,确定好需要录音的区域。将播放进度条拖动到录音区域的开始位置,单击"选择开始点"按钮。然后把播放进度条拖动到录音区域的结束位置,单击"选择结束点"按钮。此时录音区域已经变为蓝色,如图 1.5 所示。

图 1.5　确定录音区域

(5) 单击"保存为 MP3"按钮,在弹出的"保存音频流"对话框中,选择声音文件的保存路径,单击"保存"按钮,就可以进行转换了。

视频讲解

图 1.6 音频转换进度条

视频讲解

视频讲解

视频讲解

视频讲解

视频讲解

视频讲解

视频讲解

转换过程中,在"正在处理"对话框中可以看到压缩后的文件大小、已完成的数量(字节),同时也有进度条显示,如图 1.6 所示。

需要注意的是,采用这种方法进行录音,不管在录音之前选择的是哪个声道,得到的 MP3 文件都是"立体声"。如果想要将 DVD 伴音保存为 WAV 文件保证音质,在豪杰音频解霸中选择"波形录音"命令将 DVD 伴音录制成 WAV 文件即可。

3. 视频的获取

Camtasia Studio 是一款专门捕捉屏幕影音的工具软件。它能在任何颜色模式下轻松地记录屏幕动作,包括影像、音效、鼠标移动的轨迹、解说声音等,另外,它还具有及时播放和编辑压缩的功能,可对视频片段进行剪接、添加转场效果。它输出的文件格式很多,有常用的 AVI 和 SWF 格式,还可输出 MP4、FLV、GIF、RM、WMV 和 MOV 等格式,用起来极其顺手。

只要将捕获区域、捕获效果、音频效果、鼠标效果各项设置设好后,就可以进行录制了。F9 为暂停键,如果单击了主界面上的"停止"按钮,系统会提示保存文件,一般保存为 AVI 文件。只要是计算机屏幕上播放的影像,都可以使用该软件保存为视频文件,不用再重新制作,特别方便。

如果只要截取 DVD 中的某段画面,完全可以使用豪杰超级解霸 3000 中的"超级解霸 3000",其用法和音频解霸截取音乐的方法差不多,只要是可以播放的文件,不管什么格式,首先选择截取区域,选择开始点和结束点,最后指定格式为 MPG 或 MPV 文件即可。

目前,视频门户网站十分流行,各视频网站提供了大量的视频素材,这些视频素材大部分都是 FLV(Flash Video)格式的文件。要想获取这些视频素材,可以使用专业的 FLV 视频下载软件,如"狂雷高清 FLV 视频下载""维棠 FLV 视频下载软件"等。

4. Flash 动画的获取

Flash 动画以其短小精悍、内容精彩的特点而风靡全球。可以使用一些软件下载 Flash 动画,如"闪客精灵"等。

除此之外,在 Windows 环境下,有一个 Temporary Internet Files 文件夹,在网上看过哪些 Flash 动画,在这个文件夹中都能够找到。打开该文件夹,按 F3 快捷键,输入 *.swf 后查找,这样上网时所有看到的 Flash 动画都会显示出来。

1.3.3 素材的处理

1. 图片素材的处理

一般来说,计算机图像分为两种类型,一种是基于像素的位图,另一种是基于数学方式绘制的矢量图。位图分辨率的大小决定了图像的大小和品质,如果放大低分辨率的图像,就会变得比较模糊;矢量图则可随意放大而不会改变其清晰度。一般情况下,处理这两种类型的图形处理软件分别为 Photoshop 和 CorelDRAW。

Photoshop 是 Adobe 公司推出的功能强大的图形创作、处理专业级软件,为专业设计和图形制作营造了一个功能强大的工作环境,使人们可以创作出既适合印刷也可用于 Web、无线装置或其他介质的精美图像。在课件制作过程中,位图素材经常需要用它来处理完成。

CorelDRAW 是 Corel 公司推出的带有精确绘图和文字处理功能的平面绘图软件，是国际上公认的杰出的矢量绘图软件之一。它融合了绘图与插图、文本操作、绘图编辑、桌面出版等应用程序。CorelDRAW 被广泛地应用于广告制作、平面设计、图像处理、建筑装饰等领域。在制作课件时，可以将 CorelDRAW 处理的图像导出为 EMF、WMF 等图形格式，然后直接使用此类图形素材。

2．声音素材的处理

声音素材也是课件素材中的一个重要组成部分，大致可分为背景音乐、音效和录音素材。

目前流行的录音和声音处理软件有 SoundForge、Adobe Audition（早期软件版本名称为 CoolEdit）、GoldWave、WaveCN、WaveLab 等，对于初学者，GoldWave 不失为一个好的选择。GoldWave 是一个功能强大的数码录音及编辑软件，除了附有许多效果处理功能外，它还能将编辑好的文件保存为 WAV、MP3、AU、SND、RAW、AFC 等格式。GoldWave 体积小，使用简单，对计算机配置要求不高，对一般的声音效果处理游刃有余，而且是中文操作界面。图 1.7 所示为 GoldWave 5.06 汉化版运行界面。

图 1.7　GoldWave 5.06 汉化版运行界面

下面详细讲解利用 GoldWave 录制声音的方法。

（1）在计算机桌面右下角"任务栏"中双击小喇叭图标，弹出"音量控制"对话框，如图 1.8 所示。

（2）执行"选项"→"属性"菜单命令，在弹出的"属性"对话框中单击"调节音量"选项区域中的"录音"单选按钮，然后在"显示下列音量控制"选项区域中勾选"麦克风音量"复选框，如图 1.9 所示。

（3）单击"确定"按钮，在弹出的"捕获"对话框中勾选"立体声混音"选项区域中的"选择"复选框，如图 1.10 所示。

至此，声音设置全部完成，关闭所有窗口。下面开始在 GoldWave 中录制声音文件。

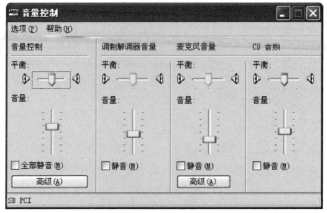

图 1.8 "音量控制"对话框

图 1.9 "属性"对话框

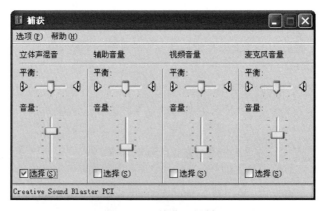

图 1.10 "捕获"对话框

(4) 运行 GoldWave 5.06 软件,执行"新建"命令,弹出"新建声音"对话框,选择"预置音质设置"下拉列表框中的"CD 音质"选项,设定声音的"声道"为"单声道","采样频率"为 22050Hz。在"持续时间"中设置声音文件长度,如图 1.11 所示。

(5) 单击"确定"按钮,弹出新建的声音文档,如图 1.12 所示。

图 1.11 "新建声音"对话框

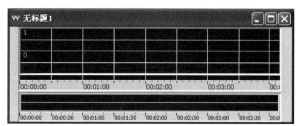

图 1.12 新建声音文档

(6) 执行"工具"→"控制器"菜单命令,弹出"控制器"窗口,如图 1.13 所示,在此窗口中进行声音文件的录制。

(7) 按住 Ctrl 键的同时,单击"录音"按钮 ,开始录制声音。声音录制完毕后,单击"停止"按钮,得到录制的声音波形文件,如图 1.14 所示。

图 1.13 "控制器"窗口

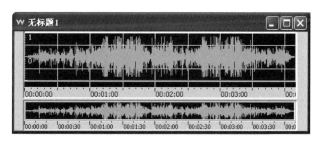

图 1.14 录制的声音波形文件

在录制声音时,为了得到比较满意的声音效果,建议选择质量较好的麦克风在安静的环境中进行录制,在录制中可以离麦克风远一些,或者用手帕包住麦克风头,这样可以有效地减少噪声。

为了使声音效果更好,往往还需要对音乐素材进一步编辑,如对声音进行剪辑、添加淡入/淡出效果、添加回声、去除噪声等。这些对声音效果处理的操作都可以在 GoldWave 中完成。

3. 视频素材的制作

目前常用的视频素材的类型主要包括 AVI 格式、MPEG 格式和流媒体格式。

一般使用外部采集的方式,使用视频采集卡将录像带、摄像机上的视频素材通过数字处理和压缩录制到计算机硬盘中,或者使用数字摄像机、智能手机等直接拍摄后存储到计算机中,然后通过专门的视频编辑软件进行编辑,生成最终供课件开发工具使用的数字视频素材。内部采集一般通过豪杰超级解霸自带的截取视频片段功能将 DVD 上的视频片段截取下来,再通过视频编辑软件进行编辑。有时也可以通过屏幕录像软件(如 Camtasia Studio)将操作过程录制下来作为一段演示视频。常用的视频编辑软件有 Premiere、绘声绘影等,常用的视频格式转换软件有格式工厂(FormatFactory)等。

4. 动画素材的制作

高品质的课件作品离不开具有震撼力的动画场景,计算机动画可分为二维动画和三维动画两类。

计算机二维动画指的是通过计算机制作的类似于卡通动画的平面动画。计算机二维动画的制作需要一些专门的软件(如 Flash),有时也可通过一些简单的方法直接生成,如通过绘图软件或图像处理软件直接一帧一帧地生成,然后到非线性编辑软件中进行合成。Flash 是比较优秀的制作二维动画的软件,其优美的画质、短小精悍的体积、强大的交互,使其迅速成为目前最流行的二维动画软件。

计算机三维动画技术是利用相关计算机软件,通过三维建模、赋予材质、模拟场景、模拟灯光、模拟摄像镜头、创造运动和链接、动画渲染等功能,实时演示、制造立体动画效果和可以乱真的虚拟影像,将创意想象化为可视画面的新一代影视及多媒体特技制作技术。目前计算机上使用较多的三维软件有 3ds Max、Maya 等。掌握三维动画软件不是一朝一夕的事,熟练操作三维软件需要花费大量的精力和时间。

第 2 章 初识PowerPoint

PowerPoint 是 Microsoft Office 办公软件中流行的商务和 Internet 演示工具,它所提供的许多便捷、高效的工具可以帮助用户在短时间内创建专业、美观、实用的演示文稿,并以简明清晰的方式表达文稿内容。

因为 PowerPoint 简单易学并且功能强大,所以很多一线教师都把它作为制作多媒体课件的首选软件。

本章主要内容:
- PowerPoint 的工作环境
- 用 PowerPoint 创建课件
- PowerPoint 的视图模式

2.1 认识 PowerPoint 的工作环境

视频讲解

俗话说:"知己知彼,百战不殆。"PowerPoint 将成为大家制作多媒体课件的亲密伙伴。认真熟悉 PowerPoint 的工作环境,对初学者来说是非常重要的。

2.1.1 PowerPoint 的启动方法

正常安装 PowerPoint 2010 以后,一般情况下,有两种方法可以运行它。以 Windows 7 操作系统为例。

(1) 在 Windows 桌面的任务栏中执行"开始"→"所有程序"→Microsoft Office→Microsoft PowerPoint 2010 命令启动 PowerPoint 软件,如图 2.1 所示。

(2) 如果创建了 PowerPoint 2010 的桌面快捷方式,那么双击桌面上的 Microsoft PowerPoint 2010 图标也可以启动 PowerPoint 软件,如图 2.2 所示。

2.1.2 PowerPoint 的工作界面

启动 PowerPoint 2010 软件后,将弹出一个全新的操作界面,如图 2.3 所示。

下面简要介绍 PowerPoint 2010 的操作界面。

1. 标题栏

标题栏用于显示软件的名称(Microsoft PowerPoint)和当前正在编辑文

图 2.1　PowerPoint 2010 的启动方式(1)

图 2.2　PowerPoint 2010 的启动方式(2)

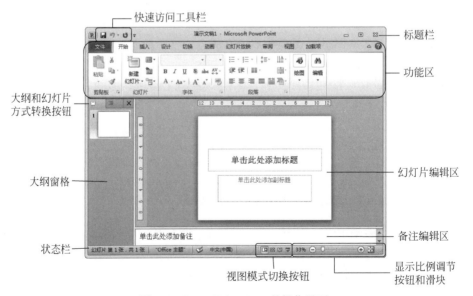

图 2.3　PowerPoint 2010 的操作界面

档的名称(演示文稿1);在其右侧是常见的"最小化""最大化/还原""关闭"按钮。

专家点拨:如果对当前编辑的文档进行了保存操作,那么标题栏显示的当前正在编辑文档的名称为保存的文件名。

2. "文件"选项卡

"文件"选项卡 位于 PowerPoint 2010 功能区最左侧。单击"文件"选项卡,进入 Backstage 视图,其中包括"保存""另存为""打开""关闭""信息""最近所用文件""新建""打印""保存并发送"和"帮助"等基本命令。另外,在 Backstage 视图中还包括一些相关的菜单信息属性和预览窗口等,如图 2.4 所示。

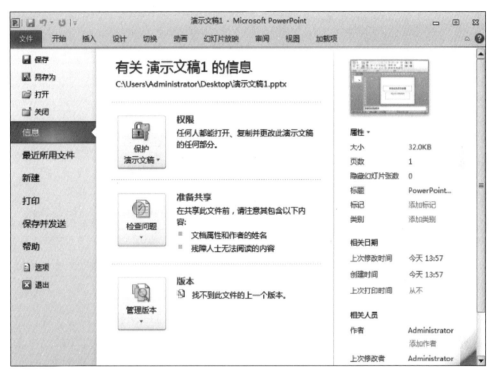

图 2.4 "文件"选项卡

3. 快速访问工具栏

快速访问工具栏是一个可自定义的工具栏,它包含一组独立命令。默认情况下,快速访问工具栏中包含"保存""撤销""恢复"命令,如果需要,可以向快速访问工具栏中添加表示命令的按钮。

专家点拨:快速访问工具栏有两个可能的位置,默认位置在标题栏左侧,或者在功能区的下方。

向快速访问工具栏中添加表示命令的按钮的方法有 3 种,如下所述。

1)第 1 种方法

(1)单击"文件"选项卡,进入 Backstage 视图,单击"选项"命令,弹出"PowerPoint 选项"对话框,单击"快速访问工具栏"列表项,如图 2.5 所示。

(2)在左侧的列表框中选择要添加的命令,单击"添加"按钮即可将其添加到右侧的列

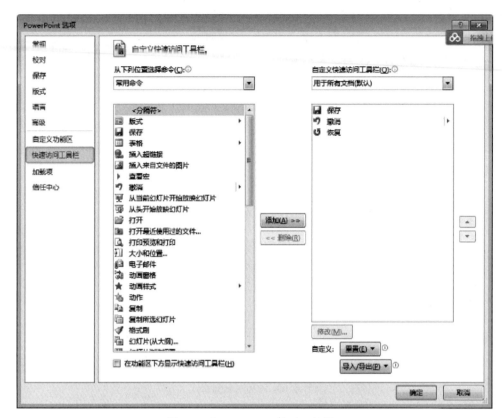

图 2.5 "PowerPoint 选项"对话框

表框中,最后单击"确定"按钮。

2) 第 2 种方法

(1) 单击快速访问工具栏右侧的"自定义快速访问工具栏"按钮 ,弹出下拉菜单,如图 2.6 所示。

(2) 在下拉菜单中单击选择需要的命令即可。如果菜单中没有所需要的命令,可以选择"其他命令",弹出"PowerPoint 选项"对话框,按照第 1 种方法的相同步骤即可添加需要的命令。

3) 第 3 种方法

(1) 在功能区中单击相应的选项卡或组,显示要添加到快速访问工具栏的命令。

(2) 右击该命令,然后在弹出的快捷菜单中选择"添加到快速访问工具栏"即可。

4. 功能区

功能区旨在帮助用户快速找到完成某个任务所需的命令。命令被组织在逻辑组中,逻辑组集中在选项卡下。每个选项卡都与一种类型的活动(如为页面编写内容或设计布局)相关,如图 2.7 所示。为了减少混乱,某些选项卡只在需要时才显示。例如,仅当选择图片后,才显示"图片工具"选项卡。

为了得到更多的窗口空间,可以将功能区最小化。具体操作方法是在功能区右上方单击"功能区最小化"按钮 。

要在功能区最小化的情况下使用功能区,单击要使用的选项卡,然后单击要使用的选项

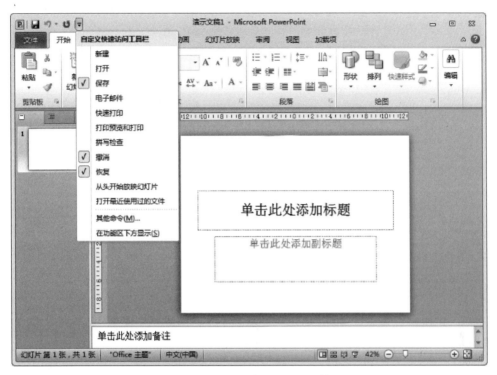

图 2.6　自定义快速访问工具栏

图 2.7　功能区

或命令。例如,在功能区最小化的情况下,可以选择文档中的文本框,单击"开始"选项卡,在"字体"组中设置所需的文本大小,然后功能区自动返回到最小化状态。

专家点拨:若要快速将功能区最小化,可以按 Ctrl+F1 快捷键;再次按 Ctrl+F1 快捷键可还原功能区。

5. 大纲窗格

大纲窗格是在普通视图模式下显示的一个窗格,在这个窗格中,通过"大纲"按钮和"幻灯片"按钮可以快速切换大纲窗格的显示模式,从而快速查看整个演示文稿中的任意幻灯片,如图 2.8 所示。单击"关闭"按钮,可以将大纲窗格关闭。如果想重新显示大纲窗格,只需要单击"普通视图"按钮即可。

6. 幻灯片编辑区

幻灯片编辑区是用户制作、编辑、修改幻灯片的工作区。在这里,可以添加文本、图形、声音、视频,还可以定义幻灯片的动画效果、创建超链接等。制作出一张张图文并茂的幻灯片,就通过这里展示。

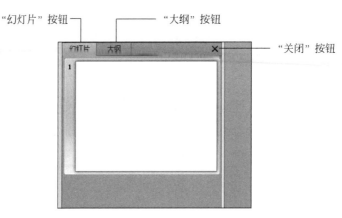

图 2.8 大纲窗格

7. 备注编辑区

备注编辑区位于幻灯片编辑区的下方,用来编辑幻灯片的一些备注文本。

8. 状态栏

状态栏位于窗口底部,在此处显示当前文档相应的某些状态要素,包括共有几张幻灯片、当前正在编辑的是第几张幻灯片、套用的模板类型、拼写检查的状态等信息。

9. 视图模式切换按钮

视图模式切换按钮共包括4个按钮,通过这4个按钮可以在4种视图模式间来回切换。4种视图模式分别为普通视图、幻灯片浏览视图、阅读视图、幻灯片放映视图。

10. 显示比例调节按钮和滑块

可以通过单击按钮或拖动滑块调节幻灯片在窗格中的显示比例,如图2.9所示。

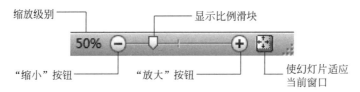

图 2.9 显示比例调节按钮和滑块

单击"缩放级别"按钮,可以弹出"显示比例"对话框,在其中可以选择或设置幻灯片的显示比例,如图2.10所示。

图 2.10 "显示比例"对话框

2.1.3 幻灯片编辑区

PowerPoint 的幻灯片编辑区默认状态下是一个白色的矩形，如图 2.11 所示。将来就要在这个白色区域内制作课件内容。

为了方便用户快速、便捷地进行课件的制作，可以通过部分菜单命令调整幻灯片编辑区的展现形式。

1. 标尺

单击"视图"选项卡切换到"视图"功能区，在"显示"组中勾选"标尺"复选框，可以在幻灯片编辑区的上方和左侧显示标尺，如图 2.12 所示。如果想隐藏标尺，只需要取消对"标尺"复选框的勾选即可。

图 2.11　PowerPoint 的幻灯片编辑区

2. 网格线

在"视图"功能区的"显示"组中勾选"网格线"复选框，可以在幻灯片编辑区显示网格线，如图 2.13 所示。如果想隐藏网格线，只需要取消对"网格线"复选框的勾选即可。

图 2.12　显示标尺

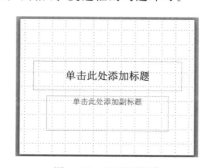

图 2.13　显示网格线

3. 显示比例

单击"视图"选项卡切换到"视图"功能区，在"显示比例"组中单击"显示比例"按钮，可以打开"显示比例"对话框，如图 2.10 所示。在"显示比例"对话框中可以调整工作区的大小，以便观看整个幻灯片效果或局部细节，方便幻灯片的编辑操作。

在"视图"功能区的"显示比例"组中单击"适应窗口大小"按钮，可以使幻灯片编辑区以最佳比例适应整个窗口的尺寸。

专家点拨：调整显示比例后，并不是真正改变了幻灯片编辑区的尺寸，编辑区的尺寸本质上并没有发生改变，只是显示比例发生了变化，以便对幻灯片进行编辑。

2.2　用 PowerPoint 创建课件

了解了 PowerPoint 2010 的工作环境以后，大家是不是跃跃欲试了？还是从最基础的部分开始吧。如何用 PowerPoint 创建一个新课件呢？通常情况下，可以用 5 种方法创建一个新课件。

视频讲解

2.2.1 创建空演示文稿课件

(1) 启动 PowerPoint 2010 后,执行"文件"→"新建"命令,如图 2.14 所示。

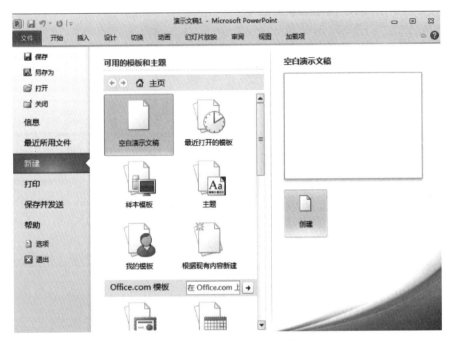

图 2.14　新建空白演示文稿

(2) 单击"可用的模板和主题"列表框中的"空白演示文稿"图标。
(3) 单击"创建"按钮,即可创建一个新演示文稿,如图 2.15 所示。

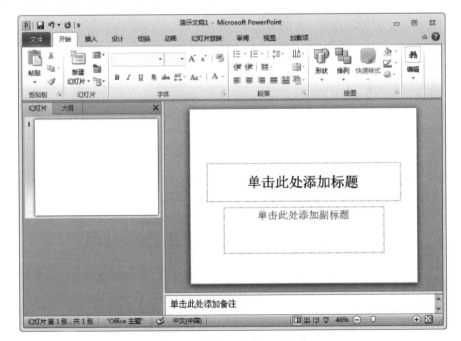

图 2.15　创建一个新演示文稿

专家点拨：单击"快速访问工具栏"中的"新建"按钮也可以创建一个如图 2.15 所示的新演示文稿。如果"快速访问工具栏"中没有"新建"按钮，可以将"新建"按钮添加上。

默认情况下，新建的演示文稿的幻灯片包含两个标题文本框。如果删除这两个标题文本框，那么就可以得到一张彻底空白的幻灯片。在"开始"功能区的"幻灯片"组中单击"版式"按钮，弹出"Office 主题"列表框，在其中选择"空白"版式即可，如图 2.16 所示。

图 2.16　选择"空白"版式

专家点拨：幻灯片中标题和副标题的文本、列表、图片、表格、图表、形状和视频等元素的排列方式称为幻灯片的版式。

空白演示文稿中的幻灯片不使用 PowerPoint 提供的模板样式和颜色配置，可以根据自己的需要设计幻灯片的背景颜色、文字格式等效果。这给用户提供了更加广阔的自由创作空间。

2.2.2　根据样本模板创建课件

（1）在如图 2.14 所示的新建演示文稿对话框中，单击"文件"选项卡中的"新建"命令，在"可用的模板和主题"列表框中选择"样本模板"，如图 2.17 所示。

（2）然后在"样本模板"列表中选择一种模板（如"古典型相册"），单击"创建"按钮，创建出应用此模板的演示文稿，如图 2.18 所示。

模板中包含有关已完成演示文稿的主题、版式和其他元素的信息的一个或一组文件。根据样本模板创建幻灯片演示文稿，可以大大加快幻灯片的制作速度，美化幻灯片的效果。

专家点拨：PowerPoint 可以自定义模板，如果已经自定义了模板，那么在创建演示

图 2.17　选择"样本模板"

图 2.18　根据样本模板创建演示文稿

文稿时,可以单击"可用的模板和主题"列表框中的第 5 项"我的模板"进行创建。

2.2.3　根据已安装的主题创建课件

(1) 单击"文件"选项卡→"新建"命令,在"可用的模板和主题"列表框中选择"主题",对应的中间窗格马上切换为"已安装的主题"列表框,如图 2.19 所示。

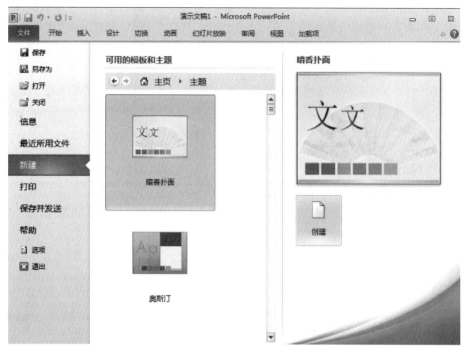

图 2.19　选择"已安装的主题"

（2）在"已安装的主题"列表框中，单击选择一种主题（如"暗香扑面"），然后单击"创建"按钮，创建出应用此主题的演示文稿，如图 2.20 所示。

图 2.20　根据已安装的主题创建的新演示文稿

主题是主题颜色、主题字体和主题效果三者的组合。主题可以作为一套独立的选择方案应用于文件中。利用已安装的主题创建演示文稿,可以快速得到漂亮的幻灯片创作方案。

2.2.4 根据现有演示文稿创建课件

视频讲解

利用现成的 PowerPoint 课件创建新课件也是一个效率很高的制作课件的方法。

(1) 单击"文件"选项卡→"新建"命令,单击"可用的模板标题"列表框中的第 6 项"根据现有内容新建",弹出"根据现有演示文稿新建"对话框,如图 2.21 所示。

图 2.21 "根据现有演示文稿新建"对话框

(2) 在其中查找到现有的演示文稿并选中,然后单击"新建"按钮,即可根据现有演示文稿创建一个新演示文稿。

2.2.5 根据 Office.com 创建课件

视频讲解

PowerPoint 2010 提供了强大的在线模板功能,如果用户已连接因特网,那么可以根据 Office.com 提供的在线模板创建新演示文稿。

(1) 单击"文件"选项卡→"新建"命令,"可用的模板和主题"列表框中包括一个 Office.com 选项,在它下面显示了所提供的模板类别列表,如图 2.22 所示。

(2) 单击一个在线模板类别,中间窗格将显示"正在搜索"进度条,如图 2.23 所示。

(3) 搜索完毕后,中间窗格马上显示搜索到的模板列表,如图 2.24 所示。

(4) 选择一个模板,然后单击"下载"按钮,系统会自动下载相应的模板,并且在下载完成后根据这个模板创建一个新演示文稿。

图 2.22 Office.com 模板

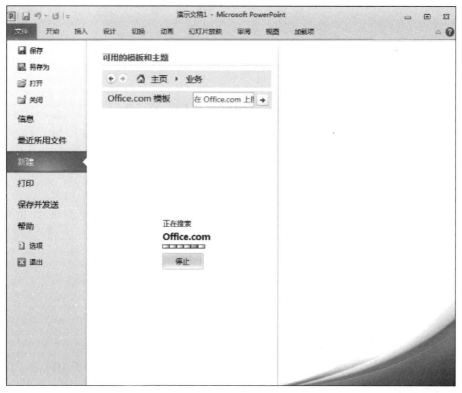

图 2.23 搜索在线模板

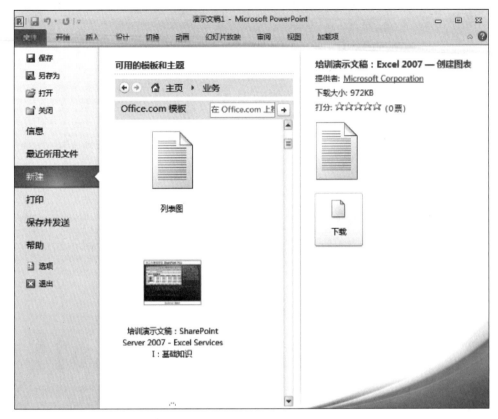

图 2.24　显示在线模板列表

专家点拨：如果用户使用的不是正版的 PowerPoint 软件，那么通过 Office.com 下载在线模板时，有可能无法通过正版软件验证，也就不能正常下载在线模板。

2.3　PowerPoint 的视图模式

视频讲解

在制作 PowerPoint 课件时，制作者特别希望能在一个人性化的制作环境中工作，便于课件的开发。PowerPoint 满足了这种要求，它提供了各种工作视图模式，形成了集幻灯片的编辑、管理、播放于一体的工作环境。

PowerPoint 主要提供了 4 种工作视图模式：普通视图、幻灯片浏览视图、阅读视图、幻灯片放映视图。通过单击 PowerPoint 2010 操作界面右下方的 4 个视图按钮 ，可以在 4 种视图模式间进行切换。

专家点拨：在"视图"选项卡的功能区中也有切换视图模式的命令，可以通过选择"视图"功能区中的相应命令切换视图模式。

2.3.1　普通视图

普通视图是 PowerPoint 默认的视图模式，它由 3 部分组成：幻灯片编辑工作区、备注编辑区、大纲窗格，如图 2.25 所示。

第 2 章 初识 PowerPoint

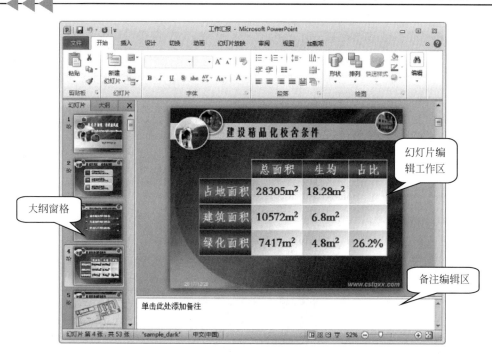

图 2.25 普通视图

工作区是每个软件都具有的对象，它是用户处理、编辑信息的区域，默认状态下是一个白色的矩形，将来就要在这个白色区域内制作幻灯片内容。备注编辑区是查看或编辑每张幻灯片的备注信息的区域。需要注意的是，在放映幻灯片时，备注信息并不显示出来。另外，在"视图"功能区中选择"备注页"命令，还可以显示单独的"备注视图"，在这个视图模式下可以更方便地编辑备注页，如图 2.26 所示。

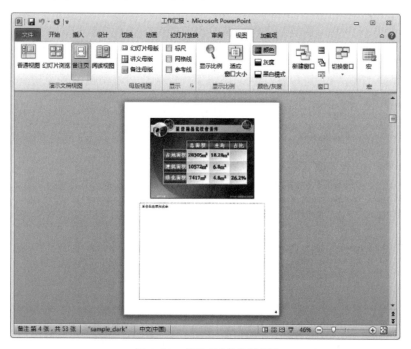

图 2.26 单独的"备注视图"

大纲窗格是在普通视图模式下才显示的一个窗格,这个窗格可以有两种表现形式:一种是"幻灯片"模式,另一种是"大纲"模式。大纲窗格的顶端有两个按钮,单击它们可以在"幻灯片"模式和"大纲"模式之间进行切换。图2.27所示是"大纲"模式下的情况。

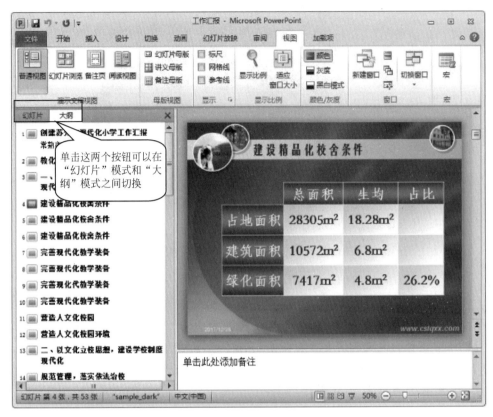

图2.27 "大纲"模式

在"大纲"模式下,可以看到整个版面中各张幻灯片的主要内容,也可以直接在上面进行排版和编辑。最主要的是,可以在"大纲"模式下查看整个演示文稿的主要构想,可以很方便地查看和编辑幻灯片的标题和正文。

2.3.2 幻灯片浏览视图

单击"幻灯片浏览视图"按钮 ,可以切换到幻灯片浏览视图模式。在这种视图模式下,可以同时显示多张幻灯片,因此可以轻松地添加、删除和移动幻灯片,如图2.28所示。

2.3.3 阅读视图

阅读视图是PowerPoint 2010新增的视图方式。在"视图"选项卡中单击"演示文稿视图"组中的"阅读视图"按钮或单击状态栏右侧的"阅读视图"按钮 ,均可切换到阅读视图,如图2.29所示。

2.3.4 幻灯片放映视图

利用幻灯片放映视图可以在编辑幻灯片的同时欣赏幻灯片的播放效果,如果不满意,可

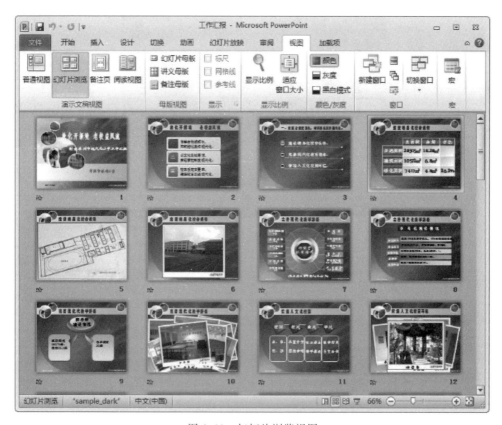

图 2.28 幻灯片浏览视图

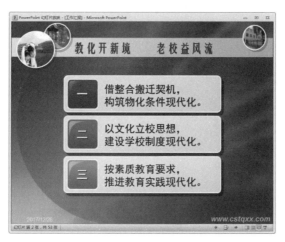

图 2.29 阅读视图

以随时修改。单击"幻灯片放映视图"按钮，可以放映当前编辑的幻灯片，这时，整张幻灯片的内容占满整个屏幕。这也是制作的演示文稿最终的播放效果。

在幻灯片放映视图下，在屏幕的任意位置右击，将弹出一个快捷菜单，利用快捷菜单中的命令可以控制幻灯片的播放，如图 2.30 所示。

图 2.30　幻灯片放映视图

第 3 章 制作课件片头

在第 1 章中以《咏鹅》这篇课文为例编写了课件脚本。从本章开始,就以这个课件脚本实例为基础,利用 PowerPoint 进行课件的制作。制作课件的第 1 步是制作课件的片头,本章先制作这个课件实例的片头。

本章主要内容:
- 策划课件外观
- 插入课件标题与作者信息
- 添加背景音乐
- 课件的保存

3.1 策划课件外观

视频讲解

好的课件片头往往能够给课件锦上添花,同时给人留下美好的印象。在 PowerPoint 中,要制作效果精美的课件片头,首先要策划好课件的外观。

3.1.1 选择幻灯片主题

在 PowerPoint 中,利用幻灯片主题可以快速美化幻灯片。从幻灯片设计角度,主题提供了演示文稿的外观构建,它将背景设计、占位符版式、颜色和字形等应用于幻灯片。

(1) 启动 PowerPoint 2010,系统自动新建一个空白演示文稿。

(2) 单击"设计"选项卡切换到"设计"功能区。在"设计"功能区的中间是"主题"组,可以看到一个主题列表框,其中提供了若干主题的缩略图,单击竖直滚动按钮可以看到全部主题的缩略图。当用鼠标指向某个主题时,可以显示出主题名称。"设计"功能区如图 3.1 所示。

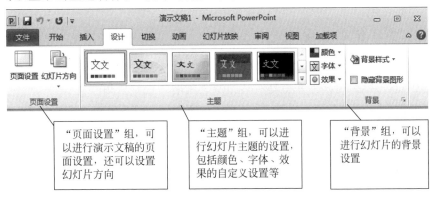

图 3.1 "设计"功能区

🔊**专家点拨**：当将鼠标指针停留在主题缩略图上时，该主题将在当前幻灯片的临时预览中显示。这样一来，可以在应用主题之前查看主题的效果，如果不喜欢该主题的效果，就可以直接将鼠标指针从缩略图上移走，从而结束预览，撤销操作。

（3）在"主题"组中单击"技巧"主题缩略图，将这个主题应用到当前幻灯片，如图 3.2 所示。

图 3.2　应用"技巧"主题

🔊**专家点拨**：单击主题列表框右侧最下边的箭头按钮，可以弹出一个下拉列表框，获得更多选项和信息，其中包括在演示文稿中使用了哪些主题（因为可以使用多个主题）、启用来自 Office.com 的内容更新的链接等，如图 3.3 所示。

3.1.2　自定义主题

选择的主题都是系统预先内置的完整设计，具有预设的颜色、字体和背景等，可直接应用于幻灯片中，使课件获得具有某种特定风格的视觉效果。在课件制作过程中，由于学科、课件内容和教学目的不同，内置主题往往不能满足需要，此时用户可以对使用的主题进行自定义。

1. 定义主题颜色

（1）在"设计"功能区的"主题"组中单击"颜色"按钮，在弹出的下拉列表框中选择需要的主题颜色方案，即可将其应用到课件中，如图 3.4 所示。

第 3 章 制作课件片头 35

图 3.3 更多选项和信息

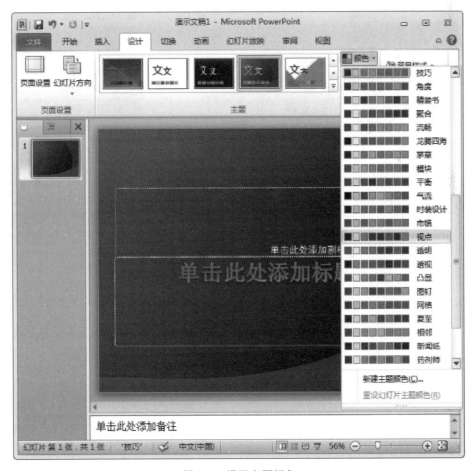

图 3.4 设置主题颜色

（2）选择"颜色"列表下方的"新建主题颜色"命令，弹出"新建主题颜色"对话框，使用该对话框对主题颜色进行设置，如图3.5所示。单击"保存"按钮保存自定义主题颜色。在制作其他课件时，单击"颜色"按钮，在列表的"自定义"栏中即会出现刚才创建的自定义主题颜色选项，选择该项即可将其应用到课件中，如图3.6所示。

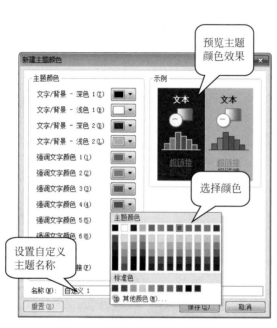

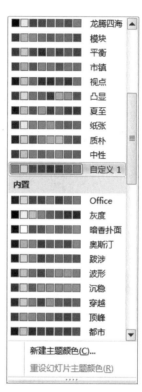

图3.5　"新建主题颜色"对话框　　　　图3.6　使用自定义颜色

2. 自定义主题字体

（1）在"设计"功能区的"主题"组中单击"字体"按钮，在弹出的"字体"列表中选择相应的选项，即可在课件中应用字体方案，如图3.7所示。

（2）在"字体"列表中选择"新建主题字体"命令，弹出"新建主题字体"对话框，在其中对正文和标题的字体进行设置，如图3.8所示。单击"保存"按钮保存自定义字体方案。在制作其他课件时，单击"字体"按钮，在列表的"自定义"栏中选择保存的字体方案即可将其应用到课件中，如图3.9所示。

3. 自定义主题背景

（1）在"设计"功能区的"背景"组中单击"背景样式"按钮，在弹出的"背景样式"列表中单击相应的选项（这里选择"样式7"），可将预设的背景样式应用到幻灯片中，如图3.10所示。

（2）在"背景样式"列表中选择"设置背景格式"命令，弹出"设置背景格式"对话框，如图3.11所示。使用该对话框可以对背景格式进行自定义。

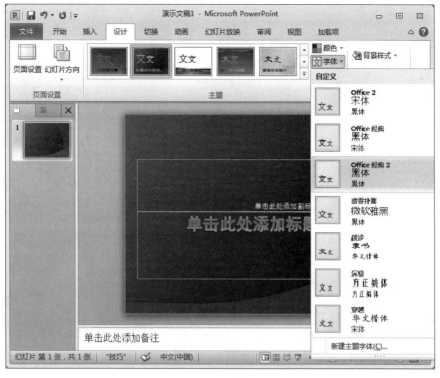

图 3.7 设置主题字体

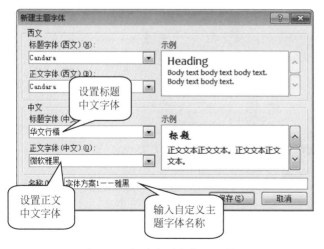

图 3.8 "新建主题字体"对话框

图 3.9 使用自定义字体

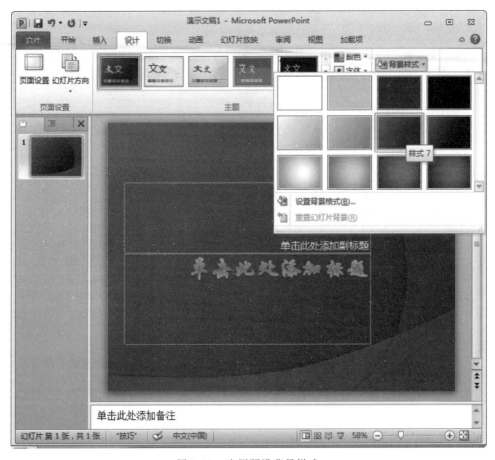

图 3.10　应用预设背景样式

图 3.11　"设置背景格式"对话框

专家点拨：当将图片作为幻灯片背景后，需要对其进行淡出或冲蚀处理，以免它与幻灯片中的任何文字或其他内容冲突。具体方法是在"设置背景格式"对话框中的"图片颜色"窗格中，单击"重新着色"按钮，在弹出的列表框中选择"颜色模式"下的"冲蚀"缩略图即可。

3.1.3 选择幻灯片版式

幻灯片版式是 PowerPoint 中的一种常规排版的格式，通过幻灯片版式的应用可以对文字、图片等元素进行更加合理简洁的布局。

"版式"指的是幻灯片内容在幻灯片上的排列方式。版式由占位符组成，在占位符处可放置文字（如标题和项目符号列表）和幻灯片内容（如表格、图表、图片、形状和剪贴画等）。

专家点拨：占位符是一种带有虚线或阴影线边缘的框，绝大部分幻灯片版式中都有这种框。在这些框内可以放置标题及正文，或图表、表格和图片等对象。

（1）目前演示文稿中有一张幻灯片，这张幻灯片的版式是"标题幻灯片"，其中包括两个文本占位符。下面更改这张幻灯片的版式。

（2）在"开始"功能区的"幻灯片"组中单击"版式"按钮，弹出下拉列表，在其中选择"空白"版式，如图 3.12 所示。

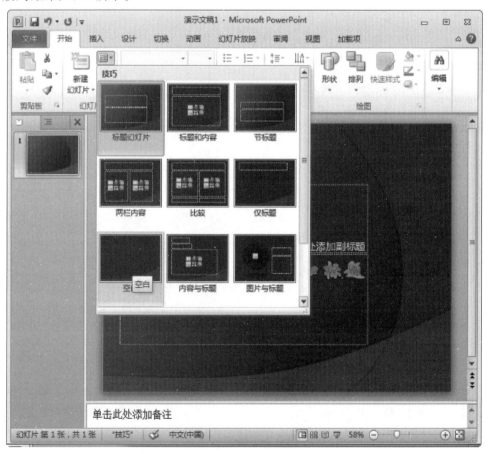

图 3.12　选择"空白"版式

(3) 这样,幻灯片中就不包含任何占位符了,变成了一张空白的幻灯片。

专家点拨:"版式"下拉列表中包括"标题幻灯片""标题和内容""两栏内容"等版式,如图3.12所示。可以根据课件内容的需要设置幻灯片的相应版式。

3.2 插入课件标题与作者信息

完成课件的主题、背景和版式设置后,便可以开始制作课件的片头内容了。一般来说,课件的片头是由课件标题、作者信息、一些装饰图片和背景音乐组成的。

3.2.1 插入图片

在课件中插入图片的方法一般有两种:插入"剪贴画"中的图片和插入外部图像。

1. 插入"剪贴画"中的图片

(1) 在"插入"功能区中,单击"剪贴画"按钮 ,在编辑工作区右侧出现了"剪贴画"任务窗格。

(2) 在"搜索文字"文本框中输入关键词"车",在"结果类型"下拉列表中选择"剪贴画"类型,然后单击"搜索"按钮,下面的列表框中就会出现很多关于"车"的剪贴画,如图3.13所示。

(3) 选择一幅合适的图片,双击它或将它拖动到编辑工作区中,这时编辑工作区就出现了选择的图片,如图3.14所示。

图3.13 "剪贴画"任务窗格

图3.14 在幻灯片中插入剪贴画

专家点拨:Office 2010版本发布后就已经弱化了剪贴画的功能,因为更多人逐渐依赖于搜索引擎,因此,取而代之的是联机图片功能。联机图片能够让我们获得外观更好、质量更高的图像。

2. 对图片进行编辑

通过上面的步骤将图片添加到幻灯片中,大部分情况下,图片并不符合课件的要求,可能还需要对它的尺寸、位置、颜色等进行设置。

1) 通过鼠标拖动调整图片

选中图片,图片的四周会出现编辑边框,并且边框上显示若干操作手柄(圆形或方形),拖动白色手柄可以调整图片的尺寸,拖动绿色手柄可以旋转图片,如图 3.15 所示。

图 3.15　拖动手柄调整图片

2) 通过"设置图片格式"对话框编辑图片

在幻灯片中右击图片,在弹出的快捷菜单中选择"设置图片格式"命令,弹出"设置图片格式"对话框,如图 3.16 所示。在这个对话框中可以对图片的亮度、对比度等属性进行设置。

图 3.16　"设置图片格式"对话框

3) 通过"大小和位置"命令编辑图片

在幻灯片中右击图片,在弹出的快捷菜单中选择"大小和位置"命令,则弹出"设置图片格式"对话框的"大小"页面,如图 3.17 所示。在这个页面中可以精确设置图片的尺寸、位置、旋转等属性。

图 3.17 "设置图片格式"对话框的"大小"页面

4) 使用"图片工具"功能区编辑图片

在幻灯片中选择图片后,会显示一个"图片工具"功能区,在"图片工具"功能区的"格式"选项卡下包括各种对图片进行编辑的命令图标,利用命令图标可以编辑图片的尺寸、颜色、对比度、亮度,还可以实现剪裁、压缩图片等操作,如图 3.18 所示。

图 3.18 "图片工具"功能区

3. 插入和编辑外部图像

本课件准备了"鹅"的图片素材文件,下面将其添加到幻灯片中,并对这幅图片进行适当的编辑。

(1) 在"插入"功能区中单击"图片"按钮 ,弹出"插入图片"对话框,查找相应目录下的"鹅"图片文件,如图 3.19 所示。

(2) 单击"插入"按钮,编辑工作区中就多了一幅鹅的图片,如图 3.20 所示。

(3) 目前添加到幻灯片中的图片背景是白色的,与幻灯片的背景格格不入,整个画面显

图 3.19 "插入图片"对话框

图 3.20 插入"鹅"图片

得非常难看,下面将"鹅"图片的背景色去掉。

(4) 保持"鹅"图片处于选中状态,在"图片工具"功能区的"格式"选项卡中,单击"调整"组中的"颜色"按钮,弹出下拉列表,选择"设置透明色"命令,如图 3.21 所示。

(5) 在"鹅"图片的白色背景上单击,这样图片背景就被设置成透明色了,如图 3.22 所示。

(6) 适当调整"鹅"图片的尺寸,并将其移动到合适的位置。

3.2.2 插入和编辑艺术字

课件片头中要展示课件的标题,可以在图形图像处理软件中将课件的标题制作成图片形式,然后通过插入图片实现。当然,PowerPoint 有插入艺术字的功能,可以直接在幻灯片中插入各种漂亮的艺术字。

1. 插入艺术字

(1) 在"插入"功能区中单击"艺术字"按钮,弹出包括各种艺术字样式的列表,如图 3.23

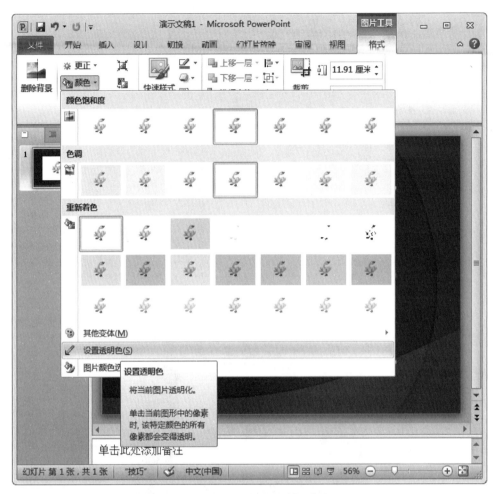

图 3.21 选择"设置透明色"命令

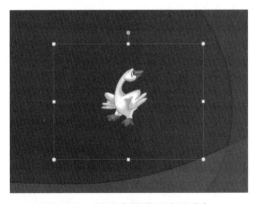

图 3.22 图片背景设置为透明色

所示。

(2) 选择合适的艺术字样式,单击相应的图标。这样在幻灯片中就出现如图 3.24 所示的艺术字文本框。

图 3.23 "艺术字"列表

(3) 在艺术字文本框中输入课件标题"咏鹅",如图 3.25 所示。

图 3.24 艺术字文本框

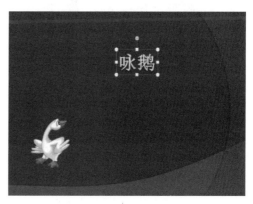

图 3.25 输入课件标题

2. 编辑艺术字

在插入艺术字的同时,自动增加了一个"绘图工具"功能区,其"格式"选项卡中包括"艺术字样式"组,如图 3.26 所示。利用其中的功能可以对艺术字进行编辑。

图 3.26 艺术字样式

(1) 选中编辑工作区的艺术字,在"格式"选项卡中单击"艺术字样式"组中的"文本效果"按钮,弹出列表,如图 3.27 所示。

(2) 单击"阴影"选项,在弹出的列表框的"透视"栏中选择"右上对角透视",如图 3.28 所示。

图 3.27 "文字效果"列表　　　　　图 3.28 设置阴影效果

(3) 单击"发光"选项,在弹出的列表框的"发光变体"栏中选择一种发光效果,如图 3.29 所示。

图 3.29 设置发光效果

(4) 单击"转换"选项,在弹出的列表框的"弯曲"栏中选择一种弯曲效果,如图 3.30 所示。

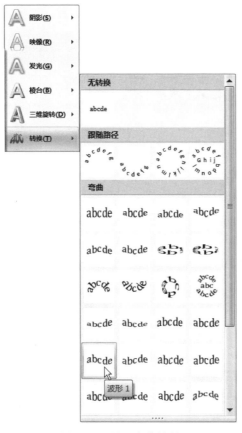

图 3.30　设置弯曲效果

专家点拨:"文字效果"下拉列表中包括"阴影""映像""发光""棱台""三维旋转"和"转换"选项,读者可以自行练习这些文字效果的设置方法。

(5) 适当调整艺术字的尺寸并将其移动到幻灯片的合适位置,如图 3.31 所示。

图 3.31　艺术字的最终效果

💡**专家点拨**：可以在"开始"功能区设置艺术字的字体、文字大小等属性。另外，和编辑正常文字内容一样，艺术字的内容可以随时进行编辑。

3.2.3 输入与编排文字

本课件的片头幻灯片中还包括作者信息"骆宾王"，这里需要通过创建普通文本框进行表现。在 PowerPoint 中，文本是通过插入文本框来实现的，可以直接在文本框中输入文字，也可以直接将文字复制并粘贴到文本框中，对文本框中的文字还可以进行字体、字号等多种属性的设置。

图 3.32 插入文本框命令

(1) 在"插入"功能区中单击"文本框"按钮，弹出下拉列表，其中有"横排文本框"和"垂直文本框"两个命令，如图 3.32 所示。

(2) 选择其中的"横排文本框"命令，将鼠标指针移入幻灯片，单击或拖动鼠标，即可插入一个横排文本框。单击文本框，然后输入"骆宾王"3 个字，如图 3.33 所示。

(3) 选中编辑工作区的文本框，使用"开始"功能区的"字体"组对文字的格式进行设置。这里设置文字字体为黑体，字号为 36，颜色为橙色。此时片头幻灯片效果如图 3.34 所示。

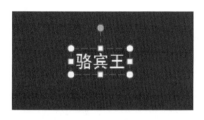

图 3.33 在文本框中输入文字

图 3.34 添加作者信息后的幻灯片效果

视频讲解

3.3 添加背景音乐

在课件片头添加美妙的背景音乐能够给课件增色不少。下面介绍给课件片头添加背景音乐的方法。

3.3.1 插入音频

1. 插入文件中的音频

(1) 选择要添加声音文件的幻灯片（这里是课件片头幻灯片），在"插入"功能区的"媒体"组中，单击"音频"按钮，在弹出的下拉列表中选择"文件中的音频"命令，打开"插入音频"对话框，定位到相关声音文件所在的文件夹，选中相应的声音文件，如图 3.35 所示。

(2) 单击"插入"按钮后，在幻灯片上会出现一个音频图标（小喇叭），表示音频文件已经

图 3.35 "插入音频"对话框

插入幻灯片,如图 3.36 所示。

图 3.36 将音频插入幻灯片

2. 插入剪贴画中的音频

PowerPoint 自带了一个媒体剪辑库,提供了声音媒体类型。可以从中选择合适的音频添加到幻灯片中。

(1) 选择要添加音频的幻灯片,在"插入"功能区的"媒体"组中单击"音频"按钮 ,在弹出的下拉列表中选择"剪贴画音频"命令,打开"剪贴画"任务窗格,如图 3.37 所示。

(2) "剪贴画"任务窗格会列出安装的自带声音文件。根据需要选择其中相应的文件,即可将声音文件插入幻灯片。在幻灯片上会出现一个音频图标(小喇叭),表示声音文件已经插入幻灯片。

图 3.37 "剪贴画"任务窗格

专家点拨：也可以在"剪贴画"任务窗格中的"搜索文字"文本框中输入关键字,然后单击"搜索"按钮,搜索出更多的声音文件。

3.3.2 设置音频属性

幻灯片中出现小喇叭声音图标的同时,会自动显示"音频工具"功能区,下方包括一个"播放"选项卡,如图 3.38 所示。在其中可以对音频属性进行设置。

图 3.38 "播放"选项卡

(1) 如果觉得音频图标会影响幻灯片的美观,那么可以勾选"放映时隐藏"复选框,这样就可以在播放幻灯片时隐藏小喇叭音频图标。

专家点拨：这里要注意的是,当声音文件被设置为幻灯片放映时自动播放时,一般才在放映时隐藏音频图标。否则,当声音文件被设置为单击时播放,如果隐藏了音频图标,就没有单击的对象了。

(2) 如果需要将插入幻灯片的音乐作为整个演示文稿的背景音乐使用,那么仅完成上述设置是不够的,幻灯片放映时,当幻灯片进行切换或有按键动作时,音乐的播放会停止。

要使插入的音乐能够持续播放下去,可以在"开始"下拉列表中选择"跨幻灯片播放"选项,如图 3.39 所示。

图 3.39　跨幻灯片播放

3.3.3　录音

在文稿演示过程中,有时需要录制自己的旁白声音放在课件中。PowerPoint 提供了一种解决方案,可以直接将旁白的声音录制到课件中,其解决方法如下。

(1) 打开 PowerPoint 演示文稿,在"插入"功能区的"媒体"组中单击"音频"按钮，在弹出的下拉列表中选择"录制音频"命令,打开"录音"对话框,如图 3.40 所示。

图 3.40　"录音"对话框

专家点拨：录音时计算机需要安装话筒或麦克风等录音设备。

(2) 单击"开始录音"按钮，然后对着麦克风说话,暂停按钮会从灰色变成蓝色,如图 3.41 所示。

(3) 录制完成后,单击"确定"按钮关闭对话框,在幻灯片中会自动插入音频图标,如图 3.42 所示。单击播放按钮即可听到刚才所录制的声音。

图 3.41　开始录音

图 3.42　插入录音

3.4　课件的保存

经过播放测试,如果课件片头效果满意,就及时保存工作成果。必须养成经常保存工作文件的好习惯,否则遇到断电关机等意外时就会前功尽弃。

视频讲解

3.4.1 保存课件

在使用 PowerPoint 2010 制作课件时，课件保存的形式一般是 *.ppt 格式（即 PowerPoint 97-2003 文件格式）或 *.pptx 格式（即 PowerPoint 2010 文件格式），使用这种文件格式可以随时在 PowerPoint 中对课件内容进行编辑修改。

（1）单击"文件"选项卡 ，选择"另存为"命令，弹出"另存为"对话框，如图 3.43 所示。

图 3.43 "另存为"对话框

（2）选择一个合适的保存位置，然后在"文件名"文本框中输入要保存的课件文件名，如"咏鹅"。最后单击"保存"按钮即可。这样就在计算机中保存了一个名为"咏鹅.pptx"的课件文件。

专家点拨：在"文件"选项卡中选择"另存为"命令，可以将课件文件保存为 PowerPoint 97-2003 格式的文件，这种文件的扩展名是.ppt，它除了可以用 PowerPoint 2010 打开编辑外，还可以用 PowerPoint 2000、PowerPoint 2003 打开编辑。

3.4.2 自动保存课件

在制作课件的过程中，经常保存课件很有必要。但读者是不是觉得每次手动保存文件很麻烦呢？或者万一忘了保存文件，一旦计算机出现问题怎么办呢？自动保存技术能提供帮助，它可以每隔一段时间自动保存一次文件，即使停电或死机，再次启动后，保存过的文件内容依然存在。下面介绍设置自动保存文件的方法。

（1）在"文件"选项卡中单击"选项"，弹出"PowerPoint 选项"对话框。

（2）在"PowerPoint 选项"对话框中，单击左侧列表中的"保存"项，在右侧的"保存演示文稿"栏下可以设置自动保存演示文稿的间隔时间以及自动保存的路径,如图 3.44 所示。

图 3.44 "PowerPoint 选项"对话框

专家点拨：如图 3.44 所示,在"保存"项中有一个"将字体嵌入文件"复选框,如果勾选了这个复选框,那么即使该课件在其他计算机上播放,也不会因为没有安装某种特殊的字体而使设计的字体效果无法显示。

3.4.3 加密保存课件

在正式发布演示文稿或将其发送给最终用户前,为了保护课件的版权,防止课件被任意修改,可以为课件添加权限密码并通过标记为最终状态的方式对课件进行保护。

(1) 在"文件"选项卡中选择"另存为"命令,弹出"另存为"对话框,单击"工具"按钮,在弹出的菜单中选择"常规选项"命令,如图 3.45 所示。

(2) 在打开的"常规选项"对话框中,根据需要输入打开权限密码和修改权限密码,如图 3.46 所示。

专家点拨：打开权限密码和修改权限密码可以设置为相同,也可以设置为不同。前者用于打开时的权限限制,后者用于对文档进行修改的权限限制。这里的密码是区分大小写的,密码可以包括字母、数字、符号和空格等。

(3) 单击"确定"按钮关闭"常规选项"对话框,PowerPoint 会弹出"确认密码"提示对话框要求确认打开权限密码和修改权限密码,如图 3.47 所示。在文本框中重新输入密码后单击"确定"按钮关闭对话框。

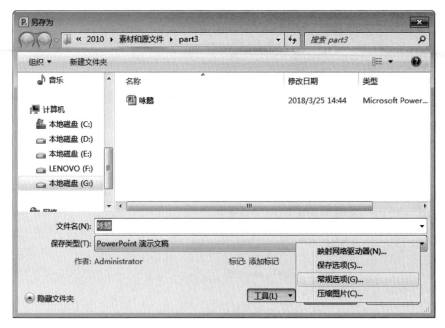

图 3.45　选择"常规选项"命令

图 3.46　"常规选项"对话框

图 3.47　"确认密码"对话框

(4) 单击"确定"按钮,会继续要求输入文档的修改权限密码,如图 3.48 所示。

(5) 当双击打开文件时,会自动弹出"密码"对话框,如图 3.49 所示。密码输入正确后,文件自动打开;否则,弹出密码不正确提示。

图 3.48　要求输入修改权限密码

图 3.49　要求输入打开文件密码

第 4 章 制作课件主控导航界面

第 1 章中的"咏鹅"课件脚本把课件设计为导入、新授、练习、小结 4 个主要功能模块,因此需要制作一个主控导航界面,它实现的功能是教师在上课过程中通过单击主控导航界面上的模块导航链接,就可以跳转到相关的教学内容,在相关的教学内容完成之后,又可以回到课件主控导航界面,整个课件主要通过 PowerPoint 的超链接功能实现。

本章主要内容:
- 创建"主控导航"幻灯片
- 实现课件的交互导航功能
- 超链接详解
- 美化课件

4.1 创建"主控导航"幻灯片

视频讲解

本节要在第 3 章制作完成的幻灯片文档基础上,新插入一张幻灯片,并将这张幻灯片编辑为如图 4.1 所示的效果。

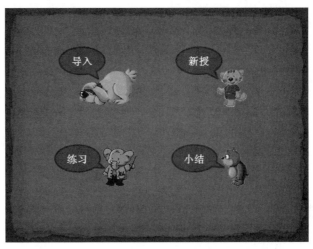

图 4.1 "主控导航"幻灯片的效果

4.1.1 添加新幻灯片

PowerPoint 课件一般由多张幻灯片组成。新建演示文稿后,默认只含有一张幻灯片,若要展示较多的课件内容,还需要在演示文稿中添加幻灯片。

1. 打开"咏鹅.pptx"文件

(1) 单击"文件"选项卡→"打开"命令,弹出"打开"对话框。

(2) 查找到"咏鹅.pptx"文件并选中,如图 4.2 所示。单击"打开"按钮。

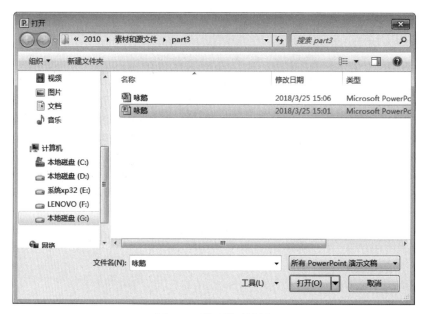

图 4.2 "打开"对话框

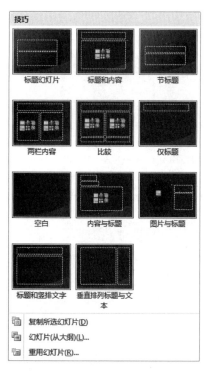

图 4.3 "幻灯片版式"列表框

🔍 **专家点拨**:如果需要打开的课件是最近编辑过的,打开的方法将非常简单。在"文件"选项卡中可以看到"最近所用文件"列表,单击其中的文件名即可打开该课件文档。

2. 新建幻灯片

(1) 在"开始"功能区中单击"新建幻灯片"按钮,弹出"幻灯片版式"列表框,如图 4.3 所示。

(2) 在其中单击某个幻灯片版式图标,即可在当前幻灯片的后面插入一张新幻灯片。这里选择"空白"版式。这样,课件中就有两张幻灯片了,如图 4.4 所示。

🔍 **专家点拨**:在普通视图下,单击选中大纲窗格中的某张幻灯片,按 Enter 键即可在所选幻灯片后面增加一张幻灯片。另外,在大纲窗格中某张幻灯片空白处右击,在弹出的快捷菜单中选择"新建幻灯片"命令,也可以插入一张新幻灯片。

3. 更改第 2 张幻灯片的主题

通过以上操作就新添加了一张空白幻灯片,接下

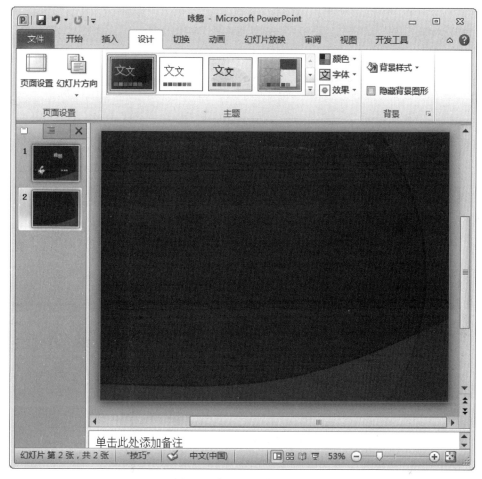

图 4.4 插入一张新幻灯片

来要将它编辑为课件的主控导航界面。可以看出,这张新幻灯片沿用了第 1 张幻灯片的主题。下面更改这张幻灯片的主题。

（1）保持第 2 张幻灯片处于选中状态。

（2）在"设计"功能区的"主题"组中,右击名称为"纸张"的主题缩略图,在弹出的快捷菜单中选择"应用于选定幻灯片"命令。

（3）单击"颜色"按钮,在弹出的下拉列表中选择"平衡"颜色方案。

4. 添加其他幻灯片

由第 1 章编写的课件脚本可知,"咏鹅"课件实例还应包括导入、新授、练习、小结、封底等相应的幻灯片。为方便后面课件内容的制作,在第 2 张幻灯片后分别插入 5 张空白版式的幻灯片,如图 4.5 所示。

4.1.2 在第 2 张幻灯片中编辑导航界面

接下来就要在第 2 张幻灯片中编辑课件导航界面的内容了。先看看课件脚本是怎样设计这张幻灯片内容的,如表 4.1 所示。

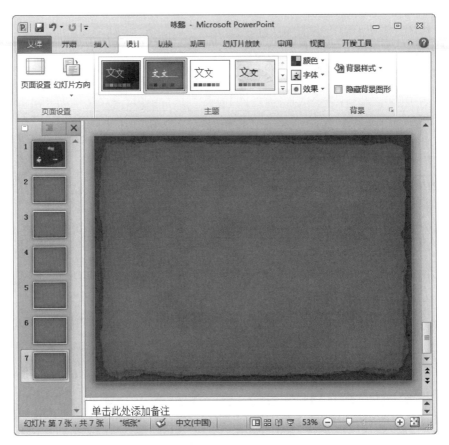

图 4.5 再添加 5 张幻灯片

表 4.1 课件主控导航界面幻灯片的脚本

页面序号	2	页面内容简要说明	主控导航界面的制作
屏幕显示		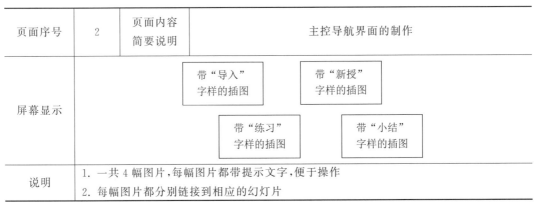	
说明	1. 一共 4 幅图片，每幅图片都带提示文字，便于操作 2. 每幅图片都分别链接到相应的幻灯片		

下面就按照表 4.1 所示的脚本内容进行制作。

1. 插入卡通图片

（1）选择第 2 张幻灯片。在"插入"功能区中单击"图片"按钮，在弹出的"插入图片"对话框中查找相应目录下的"导入.gif"图片文件，如图 4.6 所示。

（2）单击"插入"按钮，将图片插入当前幻灯片，如图 4.7 所示。

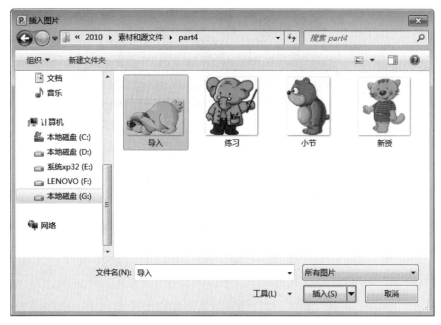

图 4.6 "插入图片"对话框

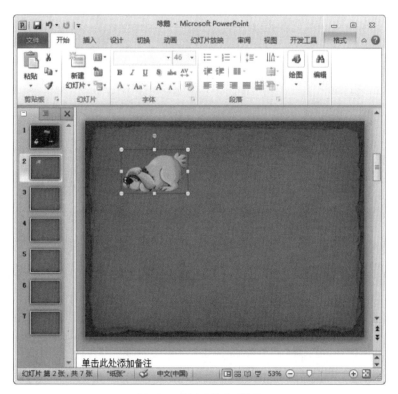

图 4.7 插入"导入"图片

(3) 用同样的方法分别插入"新授""练习""小结"图片,再将图形排列整齐、有序,如图 4.8 所示。

图 4.8 第 2 张幻灯片中的图片

2. 给图片添加标注文字

在第 2 张幻灯片中插入 4 幅图片后,还要给图片添加标注文字加以说明,以便教师在上课时单击相关的信息。

(1) 在"插入"功能区的"插图"组中单击"形状"按钮,在弹出的下拉列表框中可以看到一个"标注"栏,如图 4.9 所示。

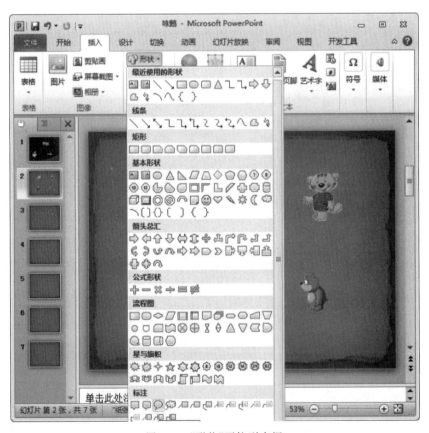

图 4.9 "形状"下拉列表框

(2) 选择椭圆形标注，将鼠标移到工作区，这时鼠标指针变成十字形，按住鼠标左键拖放一个大小适当的标注区，如图 4.10 所示。

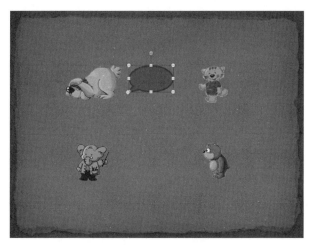

图 4.10　插入标注区

(3) 在标注区中输入"导入"二字。选中文字，在"开始"功能区的"字体"组中设置文字的格式。这里设置字体为宋体，字号为 24，颜色为白色，加粗显示。

(4) 下面需要将标注调整到合适的大小和位置。当单击标注时，在标注四周会出现一些手柄控制点，包括 4 个白色小圆点、4 个白色小方块、一个黄色小方块和一个绿色小圆点，如图 4.11 所示。

(5) 利用这些手柄控制点，可以调整标注的大小、方向、位置等属性。分别拖动 8 个白色控制点可以调整整个标注的尺寸；拖动黄色小方块可以调整标注箭头方向；拖动绿色小圆点可以旋转整个标注。

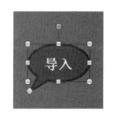

图 4.11　标注四周的手柄控制点

(6) "导入"标注调整后的效果如图 4.12 所示。

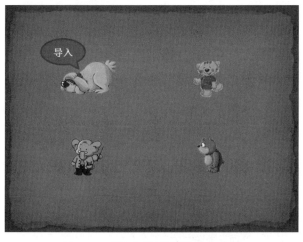

图 4.12　"导入"标注调整后的效果

视频讲解

专家点拨：选中标注图形后，会出现"绘图工具"功能区，在"格式"选项卡的"形状样式"组中可以对标注图形进行格式的设置。

（7）按照同样的方法分别为剩下的3幅图片添加标注，最终效果如图4.1所示。整个主控导航界面由卡通图片和标注文字组成，看起来生动、形象，符合学生的心理特征，比较适合教学需要。

4.2 实现课件的交互导航功能

经过前面的步骤，实现了课件主控导航界面的内容布局，但幻灯片中只包括简单的图片、文字或图形是不行的，最重要的是使课件具备交互导航功能，便于教师对课件进行有效的控制，最终完成教学任务。因此，需要实现的功能是教师在上课过程中通过单击主控导航界面上的模块导航链接就可以跳转到相应的教学内容，在相应的教学内容完成之后，又可以回到课件主控导航界面，整个课件主要通过 PowerPoint 的超链接功能和动作按钮实现。

4.2.1 实现单击卡通图片时跳转到相应的课件模块

根据课件脚本的要求，第3张幻灯片是"导入"模块的内容，第4张幻灯片是"新授"模块的内容，第5张幻灯片是"练习"模块的内容，第6张幻灯片是"小结"模块的内容，在课件主控导航界面中，就应该将幻灯片中的4幅图片分别链接到相应模块的幻灯片，具体操作方法如下。

1. 定义第1个超链接

在课件"主界面"幻灯片中，应该分别定义4幅图片的超链接功能，当播放幻灯片时单击图片可以分别跳转到相应模块的幻灯片，具体操作方法如下。

（1）选中标注文字为"导入"的小狗图片，在"插入"功能区的"链接"组中单击"超链接"图标 ，弹出"插入超链接"对话框，如图4.13所示。

图4.13 "插入超链接"对话框

（2）单击左侧"链接到"选项区域的"本文档中的位置"按钮，切换至"请选择文档中的位置"列表，其中显示了文档中所有幻灯片标题，选择"幻灯片3"，如图4.14所示。

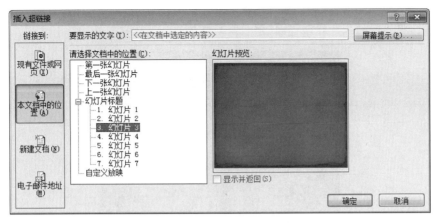

图 4.14 定义超链接

(3) 当在"请选择文档中的位置"列表中选择某张幻灯片时,在右侧的"幻灯片预览"区域会看到所要链接到的幻灯片的内容,这样还可以确认超链接是否正确。最后单击"确定"按钮即可,这样就实现了标注文字为"导入"的图片的超链接定义。

专家点拨:可以直接单击图 4.13 中的"书签"按钮,弹出"在文档中选择位置"对话框,选择"幻灯片 3",再单击"确定"按钮返回,实现超链接的定义。

2. 测试超链接效果

(1) 返回幻灯片编辑工作区,并没有看到定义了超链接的图片发生了什么变化。如果想测试超链接的效果,必须播放幻灯片。

(2) 按 Shift+F5 快捷键,播放幻灯片,当鼠标移动到标注文字为"导入"的小狗图片上时,鼠标指针变成了小手状态。而当鼠标移动到其他 3 幅图片上时,鼠标指针并不发生改变。

(3) 当单击标注文字为"导入"的图片时,跳转到第 3 张幻灯片进行播放。当然,这时的第 3 张幻灯片还是一张空幻灯片,以后需要在这张幻灯片中添加与"导入"模块相关的课件内容。

3. 定义其他 3 幅图片的超链接

按照上述方法,分别给标注文字为"新授""练习""小结"的图片添加超链接,将它们分别链接到第 5 张、第 7 张、第 9 张幻灯片。

专家点拨:如果需要,还可以为标注文字添加超链接,方法与给图片添加超链接一样,这里不再详述。

4.2.2 实现返回到主控导航界面的功能

通过前面的步骤,实现了主控导航界面上 4 幅图片的超链接功能。播放幻灯片时,单击某幅图片,马上会跳转到相应的课件功能模块。为了更好地控制课件的播放,还要使课件具备返回主控导航界面的功能,也就是在相应的课件功能模块中添加返回到主控导航界面的超链接。

下面以"导入"模块(第 3 张幻灯片)为例,实现返回到主控导航界面的功能。先看看完成以后的效果,如图4.15所示。在第3张幻灯片的右下角添加一个动作按钮,当单击这个动作按钮时,将返回到主控导航界面(第2张幻灯片)。

图4.15　第3张幻灯片添加了动作按钮以后的效果

1. 插入动作按钮

(1) 选择第3张幻灯片,下面对这张幻灯片进行编辑。

(2) 在"插入"功能区的"插图"组中单击"形状"按钮,在弹出的列表框中可以看到"动作按钮"类别,选择最后一个"动作按钮:自定义"按钮,如图4.16所示。

(3) 将鼠标移动到幻灯片编辑工作区,这时会发现鼠标指针变成了十字形,拖动鼠标绘制一个大小合适的动作按钮,同时会弹出"动作设置"对话框,如图4.17所示。

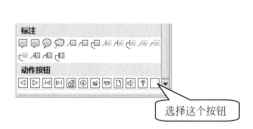

图4.16　选择动作按钮

图4.17　"动作设置"对话框

专家点拨:可以看到,动作按钮对鼠标事件的响应方式有两种,一种是单击鼠标时产生动作,另一种是鼠标移过时产生动作。通常情况下都使用第1种方式,不建议使用第2种方式。

(4) 在"单击鼠标时的动作"选项区域中单击"超链接到"单选按钮,然后在"超链接到"下拉列表中选择"幻灯片…"选项,这样又弹出一个"超链接到幻灯片"对话框,在其中的"幻灯片标题"列表框中选择"幻灯片2",如图4.18所示。

（5）单击"确定"按钮返回到"动作设置"对话框,这时,"超链接到"下拉列表中显示"幻灯片2",如图4.19所示。最后单击"确定"按钮即可。这样,自定义的动作按钮的功能是单击它时跳转到幻灯片2。

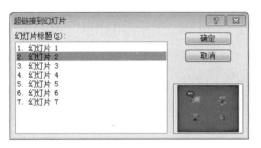

图4.18 "超链接到幻灯片"对话框

图4.19 超链接到幻灯片2

专家点拨：在"动作设置"对话框中的"单击鼠标时的动作"选项区域中有若干单选按钮,下面介绍一下它们的功能。

（1）无动作：选择此项,单击后将无任何动作。

（2）超链接到：选择此项,将在下拉列表中出现很多选项,可以链接到幻灯片、其他演示文稿、网页文件等,制作者可以根据自己的需要选择链接到相关的内容。

（3）运行程序：通过这个选项可以运行外部的应用程序。如果想调用外部应用程序,可以使用这个选项进行设置。

（4）运行宏：此单选按钮必须在有宏的情况下才有效,制作者可以先录制一个宏,然后在这里进行调用。

（5）对象动作：这里的对象指的是通过在"插入"功能区单击"对象"按钮添加的内容,此项只有在演示文稿中有这样的对象时才有效,并且根据插入对象的不同,在此项的下拉菜单中的内容也不同。

2. 更改动作按钮外观

经过上面的操作,在幻灯片中自定义了一个动作按钮,并且定义了这个动作按钮的超链接动作,把这个按钮移动到幻灯片右下角的合适位置。为了配合课件的整体效果,下面编辑这个动作按钮。

（1）右击动作按钮,在弹出的快捷菜单中选择"设置形状格式"命令,弹出"设置形状格式"对话框,在其中设置按钮填充颜色为蓝色,线条颜色为黑色,如图4.20所示。最后单击"关闭"按钮。

（2）插入一个自定义动作按钮后,整个动作按钮是空白的,教师上课时就会感到茫然,

图 4.20 设置动作按钮外观

不知所措,所以给动作按钮添加相关的说明文字是非常有必要的。右击需要添加文本的自定义动作按钮,在弹出的快捷菜单中选择"编辑文字"命令,文字输入标志(一个闪动的光标)就会出现在自定义动作按钮上,输入"返回"。最终效果如图 4.15 所示。

3. 制作其他"返回"动作按钮

其他 3 个课件功能模块中的"返回"动作按钮的制作方法和"导入"模块相同,可以按照前面介绍的方法进行制作。

专家点拨:在创建其他 3 个课件功能模块中的"返回"动作按钮时,有一个简便的方法,复制第 3 张幻灯片中的动作按钮,然后分别粘贴到另外 3 个课件模块对应的幻灯片中。

4.3 超链接详解

视频讲解

在 PowerPoint 中,超链接的功能很丰富,不但可以在演示文稿内部进行幻灯片链接,还可以链接到演示文稿以外的内容。通常情况下,PowerPoint 的超链接分成以下几种类型。

根据链接对象,可分为动作按钮链接、图片链接、文字链接。

根据链接内容,可分为链接到原有文件、链接到网页、链接到幻灯片、链接到电子邮件。

通过前面的实例操作,已经掌握了一些超链接的制作方法,下面补充讲解一些超链接的其他相关知识。

4.3.1 链接到现有文件或网页以及链接到电子邮件地址

前面实现的主控导航界面上图片的超链接是链接到幻灯片,这是很常用的一种超链接类型,除此以外,还可以将超链接定义为链接到现有文件或网页、链接到电子邮件地址。

1. 链接到现有文件或网页

链接到现有文件或网页是指通过给图片或文字添加超链接,使其链接到相关的文件或网页。操作方法如下。

(1) 选中需要添加超链接的图片或文字,在"插入"功能区中单击"超链接"图标,弹出"插入超链接"对话框。

(2) 在"链接到"选项区域中单击"现有文件或网页"选项,在其右侧选择需要链接的文件或网页,最后单击"确定"按钮即可,如图 4.21 所示。

图 4.21　链接到现有文件或网页

2. 链接到电子邮件地址

链接到电子邮件地址是指将链接指向电子邮件地址,浏览者可以通过单击相关的按钮、文字或图片直接给某人发送电子邮件,操作方法如下。

(1) 选中需要添加超链接的图片或文字,在"插入"功能区单击"超链接"图标,弹出"插入超链接"对话框。

(2) 在"链接到"选项区域中选择"电子邮件地址"选项,会出现相关的设置选项,如图 4.22 所示。

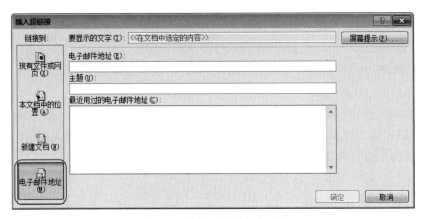

图 4.22　链接到电子邮件地址

(3) 在"电子邮件地址"文本框中输入收信人的邮件地址,在"主题"文本框中输入邮件的主题,"最近用过的电子邮件地址"列表框中列出的是最近链接过的邮件地址,如果显示了一些用过的电子邮件地址,可以从这里直接选择一个。最后单击"确定"按钮,就添加了一个电子邮件的超链接。

4.3.2 常规动作按钮超链接

常规动作按钮超链接是动作按钮链接中的一种,它指的是 PowerPoint 中自带的动作按钮超链接方式,根据按钮不同的类型(按钮上具有不同的图形进行区分)自动添加相关的超链接,基本不需要制作者的参与。

1. 常规动作按钮的类型

在"插入"功能区的"插图"组中展开"形状"下拉列表框,在"动作按钮"栏中一共包含 11 个定制按钮(最后一个自定义按钮除外),下面分别介绍这些按钮。

(1)动作按钮:第 1 张。在演示文稿中任意位置单击此按钮,将到达演示文稿的第 1 张幻灯片,制作者不需要重新设置。

(2)动作按钮:帮助。在演示文稿中链接帮助文件,单击此按钮,将链接到带帮助说明的幻灯片或程序,需要制作者参与设置。

(3)动作按钮:信息。在演示文稿中链接说明文件,单击此按钮,将链接到关于本演示文稿的制作信息的幻灯片或程序,需要制作者参与设置。

(4)动作按钮:后退或前一项。在演示文稿中单击此按钮,将链接到当前幻灯片的前一张幻灯片。

(5)动作按钮:前进或下一项。在演示文稿中单击此按钮,将链接到当前幻灯片的后一张幻灯片。

(6)动作按钮:开始。单击此按钮,将链接到演示文稿的第 1 张幻灯片,功能与"第 1 张"动作按钮相同,通常情况与"结束"按钮配对使用。

(7)动作按钮:结束。单击此按钮,将链接到演示文稿的最后一张幻灯片,不需要制作者参与设置,通常与"开始"动作按钮配对使用。

(8)动作按钮:上一张。该动作按钮与"后退或前一项"动作按钮不同,单击该按钮将返回到最近访问的幻灯片,不需要制作者参与设置。

(9)动作按钮:文档。单击该按钮,将链接到指定的文档。

(10)动作按钮:声音。单击该按钮,将播放指定的声音文件。

(11)动作按钮:影片。单击该按钮,将播放指定的影片。

常规动作按钮都有一个特点,就是在动作按钮上有一个与该按钮相关的图形,便于操作者识别。可以根据当前幻灯片将要链接的内容,选择相关的动作按钮插入当前幻灯片。

2. 常规动作按钮的插入方法

通常情况下,把常规动作按钮分成两类,一类是不需要制作者参与设置,直接在幻灯片中插入就能使用的动作按钮,如"第 1 张""开始""结束"等;另一类是需要制作者进行简单设置才能使用的动作按钮,如"帮助""文档""信息"等。下面对这两种类型的常规动作按钮插入方法进行详细讲解。

(1)插入"第 1 张"动作按钮。在"插入"功能区"插图"组的"形状"下拉列表框的"动作按钮"栏中选择"第 1 张"动作按钮,将鼠标移动到工作区拖放出一个矩形框,松开鼠标会自动弹出"动作设置"对话框,如图 4.23 所示。

图 4.23 "动作设置"对话框

在"动作设置"对话框中,系统给该按钮添加了一个默认动作:超链接到第 1 张幻灯片,不需要制作者手动设置超链接。直接单击"确定"按钮即可。

这样就在幻灯片中插入了一个"第 1 张"动作按钮,在演示文稿中只要单击该动作按钮,将直接返回到整个演示文稿的第 1 张幻灯片。

(2)插入"帮助"动作按钮。在"插入"功能区"插图"组的"形状"下拉列表框的"动作按钮"栏中选择"帮助"动作按钮,将鼠标移动到工作区拖放出一个矩形框,松开鼠标会自动弹出"动作设置"对话框。与插入"第 1 张"动作按钮不同的是,在该对话框中,系统给动作按钮默认的动作是"无动作",这就需要制作者手动给按钮添加动作了。

在"动作设置"对话框中可以发现"帮助"动作按钮有两个动作可选项,一个是"超链接到",一个是"运行程序",可以根据自己制作的帮助文件的类型选择相关的超链接。

3. "超链接到"参数项

当在"动作设置"对话框中的"单击鼠标时的动作"选项区域中选中"超链接到"单选按钮以后,在它的下拉列表中有许多选项。除了一些可以超链接到特定幻灯片或指定的幻灯片选项以外,还有一些选项可以超链接到 URL、其他 PowerPoint 演示文稿等。

(1)超链接到 URL。在"超链接到"下拉列表中选择 URL 选项,打开"超链接到 URL"对话框,如图 4.24 所示。在 URL 文本框中输入要链接到的网站地址,单击"确定"按钮即可。

图 4.24 "超链接到 URL"对话框

(2)超链接到其他 PowerPoint 演示文稿。在"超链接到"下拉列表中选择"其他 PowerPoint 演示文稿"选项,打开"超链接到其他 PowerPoint 演示文稿"对话框,如图 4.25 所示。

切换到要链接到的 PowerPoint 演示文稿路径,选择相应的演示文稿,单击"确定"按钮即可。

图 4.25 "超链接到其他 PowerPoint 演示文稿"对话框

（3）超链接到其他文件。在"超链接到"下拉列表中选择"其他文件"选项，打开"超链接到其他文件"对话框，如图 4.26 所示。

图 4.26 "超链接到其他文件"对话框

切换到要链接到的文件路径，选择相应的文件，单击"确定"按钮即可。

4.4 变化无穷的主控导航界面

视频讲解

本节再设计一种以图形和文字组成的主控导航界面效果，希望帮助初学者举一反三。先来看看完成以后的主控导航界面效果，如图 4.27 所示。

下面讲解如何逐步实现这个主控导航界面效果。

第 4 章 制作课件主控导航界面

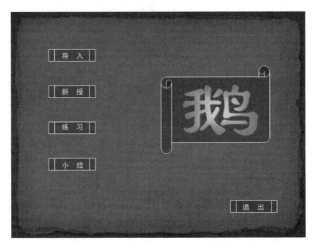

图 4.27 以自选图形和文字组成的主控导航界面

4.4.1 绘制图形

PowerPoint 提供一个插入现成形状并可以进行编辑的功能。在"插入"功能区的"插图"组中,单击"形状"按钮,会弹出一个下拉列表框,其中包含各种类别的现成形状,如图 4.28 所示。单击其中一个形状图标后,鼠标指针变成十字形,在幻灯片编辑区拖放即可绘制需要的图形。

(1) 先将第 3 章完成的"咏鹅.pptx"文档打开,新插入一张空白幻灯片。在"设计"功能区中设置这张新幻灯片的主题为"纸张",并将其颜色设置为"平衡"。

(2) 在"插入"功能区的"形状"下拉列表框中选择"流程图"栏下的"预定义过程"流程图图形,如图 4.29 所示。

(3) 将鼠标移到幻灯片编辑区,拖放出一个矩形框。如果感觉图形的大小不合适,可以放大或缩小,方法是选中图形,然后拖动它四周的控制点,将自选图形调整到合适大小,如图 4.30 所示。

(4) 右击刚绘制的图形,在弹出的快捷菜单中选择"复制"命令,接着在幻灯片编辑区的空白处右击,在弹出的快捷菜单中选择"粘贴"命令对图形进行复制,本例复制了 4 个图形,如图 4.31 所示。

专家点拨:在复制图形时,可以按住键盘上的 Ctrl 键,然后拖动图形,这样能快速复制对象。

(5) 复制后的图形重叠在一起,必须把它们调整到合适的位置,效果如图 4.32 所示。

专家点拨:这里可以利用 PowerPoint 的"对齐"功能对多个图形进行对齐和分布操作。具体操作方法是将多

图 4.28 "形状"下拉列表框

图 4.29 选择"预定义过程"流程图图形

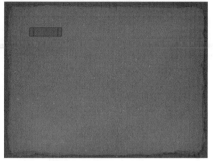

图 4.30 插入"预定义过程"流程图图形

图 4.31 复制图形

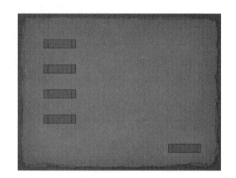

图 4.32 调整自选图形的位置

个图形全部选中,在"绘图工具"功能区中单击"对齐"按钮,弹出一个下拉菜单,选择其中的相应命令即可,如图 4.33 所示。

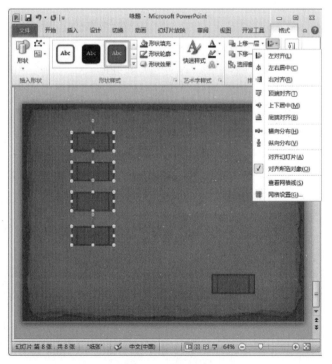

图 4.33 "对齐"功能

(6) 在"插入"功能区的"形状"下拉列表中,选择"星与旗帜"栏中的"横卷形"形状,如图 4.34 所示。

(7) 将鼠标移动到幻灯片编辑区,拖放一个大小适合的图形,这时界面布局如图 4.35 所示。

图 4.34 选择"横卷形"图形

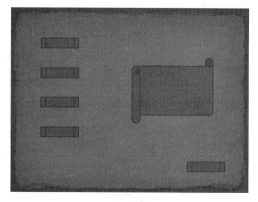

图 4.35 图形组成的界面布局

(8) 将幻灯片编辑区的 6 个图形全部选中,在"绘图工具"功能区的"形状样式"组中单击"形状轮廓"按钮,弹出下拉列表,选择"主题颜色"→"白色"命令,然后在其中的"粗细"联级菜单中选择"1 磅"。这样,就将 6 个图形的边框样式更改为粗细为 1 磅的白色实线。

4.4.2 给图形添加文字

现在课件界面上的图形已经布局好了,下面需要给图形添加文字。这里通过添加文本框并与图形组合在一起实现。

(1) 在"插入"功能区的"文本"组中单击"文本框"按钮,在弹出的下拉列表中选择"横排文本框"命令。

(2) 在幻灯片编辑区单击,插入一个横排文本框,接着在文本框中输入"导入"文字,调整文本框到第 1 个图形上,并把文字设置成合适的格式,如图 4.36 所示。

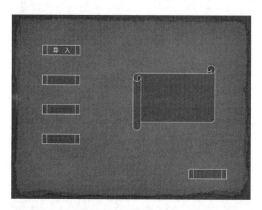

图 4.36 添加第 1 个文本框

(3) 同时选中第 1 个图形和文本框,在"绘图工具"功能区的"排列"组中单击"组合"按钮,在弹出的下拉菜单中选择"组合"命令,这样就将选中的两个对象组合成了一个对象。

专家点拨:将多个对象组合成一个对象,这样便于对象的整体操作。如果想取消对象的组合,可以选中被组合的对象,然后在"组合"菜单中选择"取消组合"命令。

(4) 依照上述方法,分别插入"新授""练习""小结""退出"文字,并调整好位置,效果如图 4.37 所示。

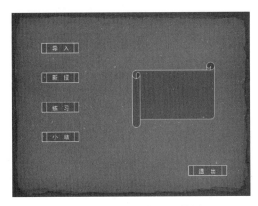

图 4.37　添加文字后的效果

专家点拨:其实可以直接给图形添加文字,具体操作方法是右击图形,在弹出的快捷菜单中选择"编辑文字"命令,然后在图形中的光标处输入需要的文字即可。

(5) 在"插入"功能区中单击"艺术字"按钮,在弹出的下拉列表中包括各种艺术字样式。依照第 3 章中插入艺术字的方法插入艺术字"鹅",并调整到"横卷形"图形上,最后效果如图 4.38 所示。

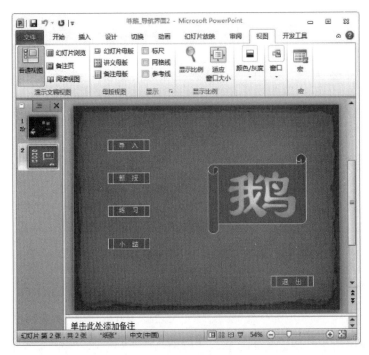

图 4.38　插入艺术字后的效果

这样，一个由图形和文字组成的课件导航界面就完成了，该界面看起来更简洁、直观。本章讲解了两种类型的课件导航界面的制作方法，其实在 PowerPoint 中制作课件界面的方法很多，只要制作者善于运用 PowerPoint 中的绘图工具、艺术字、主题等功能，一定会制作出不同类型、不同效果的课件界面。

第5章 制作课件内容

第 4 章制作了课件的主控导航界面,并着重介绍了超链接的用法,本章开始制作课件的内容。在制作课件内容的过程中,逐步掌握 PowerPoint 的绘图功能、动画方案、录制旁白和插入表格等功能。

本章主要内容:
- 创建"导入"模块幻灯片
- 创建"新授"模块幻灯片
- 创建"练习"模块幻灯片
- 创建动画方案

5.1 创建第 3 张幻灯片("导入"模块)

查看第 1 章编写的课件脚本,第 1 张幻灯片(课件片头)和第 2 张幻灯片(课件主控导航界面)已经制作完成,接下来开始制作第 3 张到第 5 张幻灯片,如表 5.1 所示。这 3 张幻灯片对应的就是课件内容的 3 个主要模块——导入、新授、练习。从本章开始,将根据设计好的脚本逐步完成这 3 张幻灯片的制作。

视频讲解

表 5.1 课件内容的 3 张幻灯片脚本

页面序号	3	页面内容 简要说明	导入部分
屏幕显示		卡通笑脸　　猜猜看 　　说话伸脖子 　　走路摆架子 头戴红帽子　身穿白袍子 返回	
说明	1. "卡通笑脸"用 PowerPoint 2010 的绘图工具绘制 2. "猜猜看"是艺术字,谜语文字是图片 3. "返回"为按钮,超链接到第 2 张幻灯片		

续表

页面序号	4	页面内容简要说明	新授部分
屏幕显示			意境动画　　鹅的古诗　　返回
说明			1. "鹅的古诗"为文本框,并以表格形式出现,每个字都注上拼音;录制旁白 2. "意境动画"为按钮,超链接到第 7 张幻灯片,内容为插入的 Flash 动画 3. "返回"为按钮,超链接到第 2 张幻灯片
页面序号	5	页面内容简要说明	练习部分
屏幕显示			学了本诗后,请你画一只鹅!　　画图区　　返回
说明			1. 主要运用 PowerPoint 2010 的绘图功能 2. "返回"为按钮,超链接到第 2 张幻灯片

第 3 张幻灯片实现的是课件"导入"模块的内容,下面先来看看这张幻灯片最终效果,如图 5.1 所示。右下角的"返回"按钮已经在第 4 章制作完成,下面将逐步实现幻灯片上的其他内容。

图 5.1　第 3 张幻灯片的效果

5.1.1　利用绘图功能创建"卡通笑脸"图形

第 4 章初步介绍了 PowerPoint 的绘图功能,这是制作课件时经常用到的一个功能。第 3 张幻灯片中包含一个"卡通笑脸"图形,下面就利用 PowerPoint 的绘图功能进行制作。

1. 创建"笑脸"图形

(1) 将第 4 章完成的"咏鹅.pptx"文档打开,下面对它继续编辑。

(2) 选中第 3 张幻灯片。在"插入"功能区的"形状"下拉列表中选择"基本形状"栏下的"笑脸"图形,如图 5.2 所示。

(3) 将鼠标移动到幻灯片编辑区,鼠标指针呈十字形,在编辑区中适当的位置按下左键,确定图形左上角的位置,再向右下角拖动,形成一个合适的人脸图形之后松开鼠标,这样一张微笑的脸就出现了。

(4) 在"绘图工具"功能区的"形状样式"组中,设置"形状填充"为黄色,"形状轮廓"为黑色,"线条粗细"为 0.25 磅。这时的"笑脸"图形如图 5.3 所示。

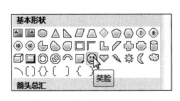

图 5.2 选择"笑脸"图形

图 5.3 "笑脸"图形

2. 创建"哭脸"图形

(1) 按住 Ctrl 键的同时用鼠标拖动笑脸图形,这样可以复制笑脸图形,得到一个图形副本。

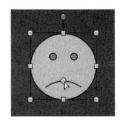

图 5.4 "哭脸"图形

(2) 选中图形副本,当鼠标指针移动到嘴巴上的黄色菱形点时,变成▷形状,拖动控制点向上移动,这时嘴巴就发生相应的变化,如图 5.4 所示。

3. 创建十六角星图形

(1) 选中"哭脸"图形,在"绘图工具"功能区的"插入形状"组中单击"编辑形状"按钮,弹出下拉菜单,选择其中的"更改形状"命令。

(2) 在"形状"列表中,选择"星与旗帜"栏下的"十六角星"图形,如图 5.5 所示。

(3) 这样,幻灯片编辑区的"哭脸"图形就变成了"十六角星"图形。在"绘图工具"功能区,更改图形的"形状填充"为橘红色,如图 5.6 所示。

图 5.5 选择"十六角星"图形

图 5.6 "十六角星"图形

4. 组合图形

(1) 将"十六角星"图形移动到"笑脸"图形的上面,这时"十六角星"图形覆盖了"笑脸"

图形。

（2）现在需要将"十六角星"图形放到"笑脸"图形的下方,右击"十六角星"图形,在弹出的快捷菜单中选择"置于底层"命令。

（3）将"笑脸"图形逆时针旋转一定角度,并调整两个图形的叠放位置。

（4）将两个图形同时选中,在"绘图工具"功能区的"排列"组中单击"组合"按钮,在弹出的下拉菜单中选择"组合"命令,这样就将两个图形组合在一起,如图 5.7 所示。

图 5.7 "笑脸"图形的最后效果

专家点拨：很多情况下,在课件中需要创建的图形都是由若干小图形组合而成。一般情况下,在绘制若干小图形后,需要将它们重新叠放在一起,这里需要调整图形间的叠放顺序,以及排列和组合图形等操作。

5.1.2 创建"猜猜看"艺术字特效

第 3 张幻灯片上包括"猜猜看"3 个字,这里要将其制作成艺术字特效。

1. 创建艺术字

（1）在"插入"功能区中单击"艺术字"按钮,在弹出的下拉列表框中选择合适的艺术字样式,单击相应的图标。这样在幻灯片中就出现艺术字文本框。

（2）输入"猜猜看"3 个字,如图 5.8 所示。字体为隶书,字号为 60。

为了更好地增强图形效果,PowerPoint 可以为艺术字和图形设置丰富多彩的阴影效果和三维旋转效果等。下面就给如图 5.8 所示的艺术字增添效果。

图 5.8 艺术字

2. 添加阴影效果

（1）选中编辑区的艺术字,在"绘图工具"功能区"格式"选项卡单击"艺术字样式"组中的"文本效果"按钮,弹出下拉列表框。

（2）展开"阴影"列表框,在其中的"透视"栏中选择"右上对角透视"效果,如图 5.9 所示。这时的艺术字效果如图 5.10 所示。

图 5.9　选择"右上对角透视"效果

图 5.10　阴影效果

3. 添加三维旋转效果

（1）选中编辑区的艺术字，在"绘图工具"功能区"格式"选项卡单击"艺术字样式"组中的"文本效果"按钮，弹出下拉列表框。

（2）展开"三维旋转"列表框，在其中的"平行"栏中选择"离轴1右"效果，如图 5.11 所示。这时的艺术字效果如图 5.12 所示。

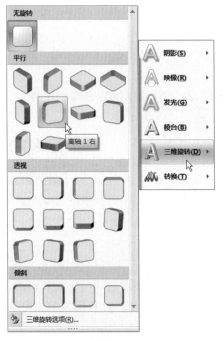

图 5.11　选择"离轴 1 右"效果

图 5.12　三维旋转效果

专家点拨：在"三维旋转"列表框中，选择"三维旋转选项"命令，可以打开"设置文本效果格式"对话框，在其中可以对三维旋转效果进行更加详细的设置，如图 5.13 所示。

图 5.13　"设置文本效果格式"对话框

5.1.3　创建谜语文字的图片效果

第 3 张幻灯片中还缺一则谜语，下面就创建它。首先输入竖排文字，然后将文字转换为图片。

1. 插入垂直文本框

（1）在"插入"功能区中单击"文本框"按钮，在弹出的下拉列表中选择"垂直文本框"命令。

（2）将鼠标指针移动到幻灯片编辑区，单击，然后输入谜语文字，如图 5.14 所示。

2. 设置文本格式

（1）在"开始"功能区的"字体"组中对文本格式进行设置。这里设置文字字体为隶书，字体大小为 48，颜色为黄色。单击"文字阴影"按钮 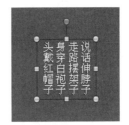 设置文字的阴影效果。

图 5.14　输入谜语文字

（2）在"开始"功能区的"段落"组中单击右下角的 按钮，弹出"段落"对话框，在其中可以对文本段落的属性进行设置。这里设置段前和段后的间距都为 6 磅，如图 5.15 所示。这时的谜语文字效果如图 5.16 所示。

3. 将文字转换为图片

（1）右击文本框，在弹出的快捷菜单中选择"另存为图片"命令，弹出"另存为图片"对话框。

图 5.15 "段落"对话框　　　　　　　图 5.16 谜语文字效果

(2) 选择合适的保存位置,输入文件名,如图 5.17 所示。单击"保存"按钮即可得到一幅图片。

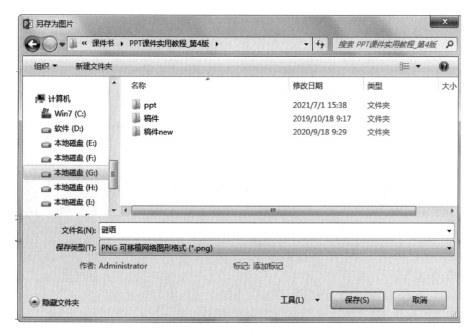

图 5.17 "另存为图片"对话框

(3) 选中第 3 张幻灯片编辑区的文本框,按 Delete 键将其删除。

(4) 切换到"插入"功能区,单击"图片"按钮,在弹出的"插入图片"对话框中查找相应目录下的"谜语.png"文件,如图 5.18 所示。

(5) 单击"打开"按钮即可将"谜语"图片插入幻灯片。选中这幅图片,在"图片工具"功能区中可以对图片进行设置。这里设置其发光效果,如图 5.19 所示。

图 5.18 "插入图片"对话框

图 5.19 设置发光效果

专家点拨：谜语内容其实都是由文字组成的，这里不直接使用文字，而是将文字转换为图片，并不是画蛇添足，而是因为图片可以利用"图片工具"功能区的命令设置更多的特殊效果，这样也可以使课件内容更加精美。

5.2 创建第 4 张幻灯片（"新授"模块）

第 4 张幻灯片实现的是课件"新授"模块的内容，先来看看这张幻灯片最终效果，如图 5.20 所示。这张幻灯片中主要包括 4 部分内容：表格、录制的旁白声音、"返回"按钮（已经在第 4 章制作完成）、"意境动画"按钮。

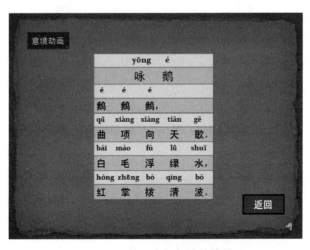

图 5.20 第 4 张幻灯片的效果

下面接着 5.1 节继续编辑"咏鹅.pptx"课件文档。

5.2.1 创建表格及表格文字

第 4 张幻灯片中包括一个表格,表格内容是《咏鹅》这首诗的文字内容和拼音。下面就来创建这个表格。

1. 插入表格

(1) 选中第 4 张幻灯片。切换到"插入"功能区,在"表格"组中单击"表格"按钮,弹出"表格"下拉列表,如图 5.21 所示。

(2) 选择"插入表格"命令,弹出"插入表格"对话框,输入列数 1 和行数 10,如图 5.22 所示。

图 5.21 "表格"下拉列表　　　　图 5.22 "插入表格"对话框

(3) 单击"确定"按钮,编辑工作区中就出现了如图 5.23 所示的表格。同时,"表格工具"功能区也会显示出来,它包括两个选项卡:"设计"和"布局",如图 5.24 所示。

图 5.23 编辑工作区中出现的表格

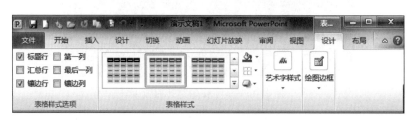

图 5.24 "表格工具"功能区

专家点拨：在"表格"下拉列表中，除了直接执行"插入表格"命令外，还可以用鼠标在表格选择区拖动，如图 5.25 所示，这样可以更加直观地创建表格。另外，还可以选择"绘制表格"命令，在幻灯片编辑区直接拖动鼠标绘制表格。

图 5.25　在表格选择区拖动

2．设置表格外观

（1）选中表格，在"表格工具"功能区"设计"选项卡的"表格样式"组中选择"中度样式 4-强调 1"样式，如图 5.26 所示。这时的表格效果如图 5.27 所示。

图 5.26　选择表格样式

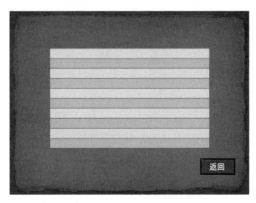

图 5.27　设置表格样式后的效果

专家点拨：在"表格样式"组中可以选择内置的表格样式，十分方便；也可以自定义表格的背景、边框以及其他外观（如阴影、映像等）。

（2）当鼠标指针移动到表格的左、右边框变成双向黑色箭头时，拖动鼠标调整表格宽度，如图 5.28 所示。同理，还可以将鼠标指针移动到表格的上、下边框，鼠标指针变成双向黑色箭头时,拖动鼠标调整表格高度。

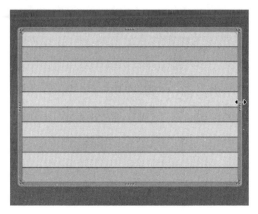

图 5.28 调整表格宽度

专家点拨:将鼠标指针移动到表格的 4 个角上变成 形状时,拖动鼠标可以调整表格的整体大小。

3. 在表格中输入文字

图 5.29 输入中文文字

(1) 表格中包括古诗内容的中文文字和拼音。中文文字的输入比较简单,将光标定位在相应的单元格中直接输入即可。然后对文字格式进行设置,效果如图 5.29 所示。

(2) 表格中的拼音可以利用 Word 创建。启动 Word 2010,在空白文档中输入《咏鹅》这首古诗的中文文字,然后将它们全部选中。在"开始"功能区的"字体"组中单击"拼音指南"按钮 ,弹出"拼音指南"对话框,如图 5.30 所示。其中自动显示了中文文字的全部拼音文字。

图 5.30 "拼音指南"对话框

专家点拨:在给大篇幅的段落文字自动添加拼音时,可以分段落选择中文文字,然后在"拼音指南"对话框中单击"组合"按钮,这样可以在"拼音文字"列表中显示整段的拼音。

如果想分开显示,可以单击"单字"按钮。

(3) 在"拼音文字"列表中选中某个拼音,右击,在弹出的快捷菜单中选择"复制"命令。

(4) 切换到 PowerPoint 2010,将光标定位在表格的相应位置,按 Ctrl+V 快捷键,这样一个拼音文字就被复制过来了。

(5) 按照上面的方法,将全部拼音文字复制到表格中,然后将它们设置成合适的格式,效果如图 5.31 所示。

图 5.31 创建拼音

5.2.2 录制旁白

接下来就需要给这首古诗配朗诵声音了。一般的做法是利用 Windows 自带的"录音机"程序或用专业的声音编辑软件(如 GoldWave)进行录音,然后将录制好的声音文件插入幻灯片。其实在 PowerPoint 2010 中有录制旁白的功能,下面利用这个功能为古诗配朗诵声音。

图 5.32 "录制幻灯片演示"对话框

(1) 选中第 4 张幻灯片。在"幻灯片放映"功能区单击"录制幻灯片演示"按钮,在弹出的下拉列表中选择"从当前幻灯片开始录制"命令,弹出"录制幻灯片演示"对话框,如图 5.32 所示。

专家点拨:在"录制幻灯片演示"对话框中,可以在开始录制之前选择想要录制的内容,包括两个复选框:"幻灯片和动画计时"和"旁白、墨迹和激光笔"。如果只录制旁白,可以只勾选"旁白、墨迹和激光笔"复选框;如果既录制旁白,又录制幻灯片内容,可以两个复选框全部勾选。

(2) 这里取消对"幻灯片和动画计时"复选框的勾选,然后单击"开始录制"按钮,进入幻灯片放映视图。在左上角出现一个"录制"面板,如图 5.33 所示。此时,可对着话筒朗读录制旁白。

图 5.33 "录制"面板

(3) 录制完毕后,按 Esc 键返回到幻灯片编辑区。

(4) 这时,第 4 张幻灯片的编辑工作区显示一个小喇叭图标,将鼠标指针指向它,可以显示一个声音播放控制条,如图 5.34 所示。单击"播放"按钮,可以播放旁白声音。

(5) 切换到"动画"功能区,单击"动画"组中的"动画窗格"按钮,打开"动画窗格"面板。可以看到其中多了一个音频选项(这里是音频 1),如图 5.35 所示。

图 5.34 声音播放控制条

图 5.35 "动画窗格"面板

(6) 选中小喇叭图标,在"音频工具"功能区"播放"选项卡中,在"音频选项"组的"开始"下拉列表中选择"自动"命令,这样播放幻灯片时可以自动播放录制的旁白。

(7) 至此,旁白录制完毕,播放测试一下当前幻灯片,听一听录制的效果,如果不满意的话,还可以删除小喇叭图标,然后重新进行旁白的录制。

5.2.3 实现"意境动画"按钮的导航功能

"意境动画"按钮的导航功能的创建方法和"返回"按钮类似。"意境动画"按钮也是一个自定义动作按钮,需要定义它的超链接为单击它时跳转到第 7 张幻灯片。具体的实现方法请参考 4.2.2 节的相关内容。

专家点拨:在实现"意境动画"按钮的导航功能时,别忘了在文档中新插入一张空白幻灯片(第 7 张幻灯片),用它作为播放 Flash 动画的幻灯片。

视频讲解

5.3 创建第 5 张幻灯片("练习"模块)

第 5 张幻灯片实现的是课件"练习"模块的内容,先来看看这张幻灯片最终效果,如图 5.36 所示。这张幻灯片中主要包括三部分内容:矩形、标题图形及文字、"返回"按钮(已经在第 4 章制作完成)。

图 5.36　第 5 张幻灯片的效果

下面继续编辑"咏鹅.pptx"文档。

5.3.1 创建矩形

第 5 张幻灯片是课件的"练习"模块,幻灯片中模拟显示一个白板,让学生画一只鹅的图形。这里通过绘制矩形并设置其格式模拟白板。

1. 绘制矩形

(1) 打开"咏鹅.pptx"文档,选中第 5 张幻灯片。

(2) 在"插入"功能区的"形状"下拉列表中选择"矩形"栏下的"矩形"形状▭,鼠标指针呈十字形,在编辑工作区中适当的位置拖放一个合适的矩形。

专家点拨:椭圆的绘制方法和矩形类似,只需要选择"形状"下拉列表中的"椭圆"形状 ◯,拖动鼠标就可以绘制椭圆了。另外,在选择"形状"下拉列表中的"矩形"或"椭圆"形状以后,按住 Shift 键拖动鼠标,就能画出正方形或圆形。

2. 设置矩形外观

(1) 切换到"绘图工具"功能区,在"形状样式"组中设置"形状填充"为白色,"形状轮廓"为黑色,"粗细"为 0.25 磅。

(2) 单击"形状效果"按钮,在弹出的下拉列表中选择"阴影"→"外部"→"右上斜偏移"。这样,编辑区的矩形被添加了阴影效果。

(3) 单击"形状效果"按钮,在弹出的下拉列表中选择"阴影"→"阴影选项",弹出"设置形状格式"对话框,在其中设置"距离"为 10 磅,如图 5.37 所示。

图 5.37　设置阴影的距离

5.3.2　创建标题图形

(1) 在"插入"功能区的"形状"下拉列表中选择"基本形状"栏下的"云形"图形,在编辑工作区中拖动鼠标绘制一朵云的形状。

(2) 切换到"绘图工具"功能区,在"形状样式"组中设置"形状填充"为黄色,"形状轮廓"为黑色,"粗细"为 0.25 磅。

(3) 单击"形状效果"按钮,在弹出的下拉列表中选择"阴影"→"外部"→"左上斜偏移"。

(4) 单击"形状效果"按钮,在弹出的下拉列表中选择"阴影"→"阴影选项",弹出"设置形状格式"对话框,在其中设置"距离"为 10 磅。

(5) 右击云朵图形,在弹出的快捷菜单中选择"编辑文字"命令,输入"学习本诗后,尝试画一只鹅"文字信息,并设置文字颜色为黑色,如图 5.38 所示。

图 5.38　标题图形

视频讲解

5.4　动画方案

在播放 PowerPoint 课件时,默认情况下,幻灯片中的对象都是直接显示出来。如果想丰富幻灯片的播放效果,可以设计对象显示时的动画效果(如飞入效果)。PowerPoint 2010 在定义动画方面的功能有了较大的增强,利用定义动画的功能可以制作出更专业的课件效果。

5.4.1　幻灯片切换效果设计

幻灯片切换效果是在"幻灯片放映"视图中从一张幻灯片切换到下一张幻灯片时出现的类似动画的效果。可以控制每张幻灯片切换效果的速度,还可以添加声音。

在"切换"功能区定义幻灯片之间的切换效果,如图 5.39 所示。

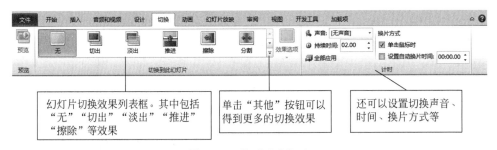

图 5.39　"切换"功能区

下面以"咏鹅.pptx"演示文稿中的前两张幻灯片为例,介绍添加幻灯片切换效果的步骤。

(1) 打开"咏鹅.pptx"文档。在包含"大纲"和"幻灯片"选项卡的窗格中单击"幻灯片"选项卡。

(2) 单击选择第 1 张幻灯片缩略图。

(3) 在"切换"功能区的"切换到此幻灯片"列表框中选择一种幻灯片切换效果。这里选择"溶解"。

专家点拨:若要查看更多切换效果,请单击"其他"按钮。

(4) 在"计时"组中可以设置幻灯片的声音、持续时间和换片方式。

(5) 单击选择第 2 张幻灯片缩略图。按照步骤(3)和步骤(4)的方法给第 2 张幻灯片添加"溶解"切换特效。

专家点拨:如果是向演示文稿中的所有幻灯片添加同样的切换效果,那么在"计时"

组中,单击"全部应用"按钮即可。

专家点拨:如果要向幻灯片切换效果添加声音,可以在"切换"选项卡的"计时"组中单击"声音"旁边的箭头进行操作。

5.4.2 为幻灯片中的对象添加动画效果

为幻灯片中的某个对象添加动画效果,一般都是在"动画"功能区中完成的,如图 5.40 所示。

PowerPoint 提供的动画效果包括 4 大类:进入、强调、退出和路径。

- 进入:设定对象出现的方式。
- 强调:设定对象变化的方式,一般包括设置大小、颜色、闪烁等。
- 退出:设定对象消失的方式。
- 路径:设定动画运动的方向。

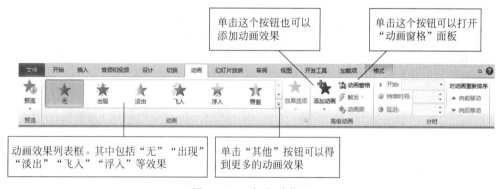

图 5.40 "动画"功能区

下面以第 3 张幻灯片为例介绍为对象添加动画效果的方法。

1. 为"笑脸"图形添加动画效果

(1) 选择第 3 张幻灯片中的"笑脸"图形。

(2) 在"动画"功能区的"动画效果"列表框中单击"飞入"动画效果,这样就定义了"笑脸"图形从外部飞入幻灯片的动画效果。

(3) 在"动画"组中单击"效果选项"按钮,在弹出的下拉列表中选择"自左上部",如图 5.41 所示。

(4) 在"计时"组中单击"开始"后的下三角形,选择"与上一动画同时"。

(5) 经过上述操作,在"动画窗格"面板中显示添加的第 1 个动画效果列表,如图 5.42 所示。

2. 为"猜猜看"艺术字添加动画效果

(1) 选择第 3 张幻灯片中的"猜猜看"艺术字。

(2) 单击"动画"功能区的"动画效果"列表框右下角的"其他"按钮,在弹出的下拉列表框中选择"更多进入效果"命令,弹出"更改进入效果"对话框,选择其中的"菱形"效果,如图 5.43 所示。这样就定义了"猜猜看"艺术字以菱形进入的动画效果。

图 5.41 效果选项

图 5.42 第 1 个动画效果列表

图 5.43 "更改进入效果"对话框

(3) 在"动画"组的"效果选项"下拉列表中选择"方向"为"缩小项"。

(4) 单击"效果选项"右下角的"显示其他效果选项"按钮，弹出"菱形"对话框，切换到"计时"选项卡，在"开始"下拉列表中选择"与上一动画同时"选项；在"期间"下拉列表中选择"中速(2 秒)"，如图 5.44 所示。

(5) 此时第 3 张幻灯片的编辑区如图 5.45 所示。可以看到"笑脸"图形和"猜猜看"艺

图 5.44　定义动画效果的速度

图 5.45　定义了动画效果的幻灯片编辑区

术字这两个对象被自动添加了编号。这些编号表示动画播放的次序。

专家点拨：在"计时"组的"开始"下拉列表中包括"单击时""与上一动画同时""上一动画之后"3 个选项。这里定义"猜猜看"艺术字的动画效果时，选择的是"与上一动画同时"选项，这样可以保证"笑脸"图形和"猜猜看"艺术字的动画同时播放。如果在定义"猜猜看"艺术字的动画效果时，选择的是"上一动画之后"选项，那么"笑脸"图形的动画播放后才播放"猜猜看"艺术字的动画。如果在定义"猜猜看"艺术字的动画效果时，选择的是"单击时"选项，那么"笑脸"图形的动画播放后，单击才会播放"猜猜看"艺术字的动画，而且此时幻灯片编辑区中对象的动画编号如图 5.46 所示。

3．为"谜语"图片添加动画效果

（1）选择第 3 张幻灯片中的"谜语"图片。将其移动到幻灯片编辑区的右外侧，如图 5.47 所示。

（2）单击"动画"功能区的"动画效果"列表框右下

图 5.46　动画编号

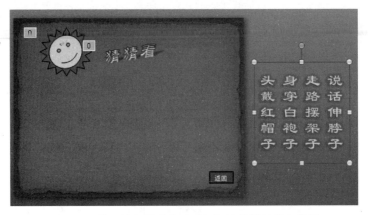

图 5.47　将"谜语"图片移动到幻灯片编辑区的右外侧

角的"其他"按钮,在弹出的下拉列表框中单击"自定义路径"按钮。在"效果选项"下拉列表的"类型"栏中选择"曲线"。

(3) 绘制一条曲线路径,如图 5.48 所示。这样就定义了"谜语"图片以该曲线路径从幻灯片右侧飞入的动画效果。

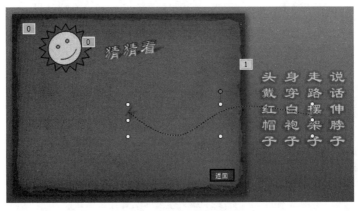

图 5.48　绘制曲线路径

专家点拨:绘制曲线路径时,单击可以得到一个节点,最后完成绘制时需要双击。另外,拖动路径上的控制手柄(绿色和红色箭头、白色和绿色圆点等)可以对路径进行编辑。

(4) 选中"谜语"图片,在"动画"功能区"高级动画"组的"添加动画"下拉列表中选择"强调"→"陀螺旋"效果。

(5) 单击"效果选项"右下角的"显示其他效果选项"按钮,弹出"陀螺旋"对话框,切换到"计时"选项卡,在"开始"下拉列表中选择"上一动画之后",在"期间"下拉列表中选择"中速(2 秒)"。

专家点拨:在制作幻灯片的过程中,如果需要强调部分对象,就可以用强调动画进行设置,让这部分对象相对于其他对象更醒目。

4. 编辑动画设置

当添加动画效果完成以后,在"动画窗格"面板中就可以看到已经添加的动画效果列表,如图 5.49 所示,这里显示了 4 个动画效果列表。

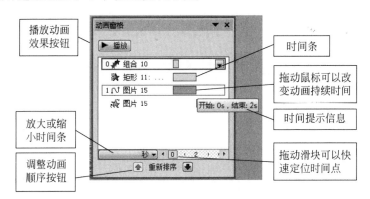

图 5.49 "动画窗格"面板

在"动画窗格"面板中提供了一个高级日程表,将鼠标指针放置到动画选项的时间条上将获得动画开始时间和结束时间的提示,拖动时间条可以调整动画的持续时间和延迟时间。

第 6 章 控件及母版的应用

第 5 章制作了课件的前几个内容模块的幻灯片,重点介绍了 PowerPoint 的绘图、插入表格、录制旁白和动画方案等功能。本章继续制作课件后面几张幻灯片的内容。在制作过程中,逐步掌握 PowerPoint 的文本框控件、Flash 控件、视频控件的应用。

母版是 PowerPoint 十分重要的一个功能,利用母版可以定制课件背景,使课件中的幻灯片具有统一的样式和风格。

本章主要内容:
- 文本框控件
- 在 PowerPoint 中插入 Flash 动画的方法
- 视频控件
- 利用母版定制课件背景

视频讲解

6.1 创建第 6 张幻灯片("小结"模块)

查看第 1 章编写的课件脚本,第 6 张幻灯片是课件内容的"小结"模块,如表 6.1 所示。

表 6.1 "小结"模块脚本

页面序号	6	页面内容简要说明	小结部分
屏幕显示			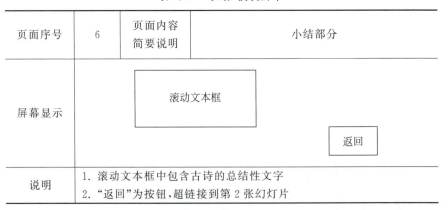
说明		1. 滚动文本框中包含古诗的总结性文字 2. "返回"为按钮,超链接到第 2 张幻灯片	

第 6 张幻灯片实现的是课件"小结"模块的内容,下面先来看看这张幻灯片最终效果,如图 6.1 所示。右下角的"返回"按钮已经在第 4 章制作完成,下面将逐步实现幻灯片中的其他内容。

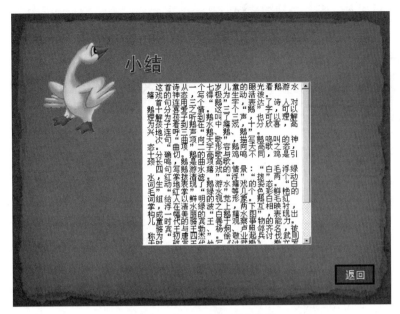

图 6.1　第 6 张幻灯片的效果

6.1.1　添加文本框控件

在使用 PowerPoint 制作课件时，经常会遇到这样的问题：一张图文并茂的幻灯片，左侧是图，右侧是说明文字，文字内容过多，不能全部展示；又如，大容量的内容演示，分成若干页，上翻/下翻十分不便，放在一页又受版面限制，容纳不下，这时初学者往往不知怎么办。其实这样的情况是可以通过文本框控件来解决的，让文字以滚动的方式呈现出来，达到容纳更多文字的目的。

下面就以"咏鹅"课件的"小结"模块（第 6 张幻灯片）的制作过程为例，讲解文本框控件在课件制作时的应用方法。

1. 显示"开发工具"功能区

（1）启动 PowerPoint 2010。在功能区选项卡的空白处右击，在弹出的快捷菜单中选择"自定义功能区"命令，弹出"PowerPoint 选项"对话框。

（2）在右侧的"自定义功能区"下拉列表中选择"主选项卡"，在下面的"主选项卡"列表框中勾选"开发工具"复选框，如图 6.2 所示。

（3）单击"确定"按钮，"开发工具"选项卡就会出现在功能区。

2. 插入文本框控件

（1）将第 5 章完成的"咏鹅.pptx"文档打开，对它继续编辑。选中第 6 张幻灯片。

（2）在幻灯片编辑区插入一幅"鹅"图片，并且创建一个艺术字标题。

（3）切换到"开发工具"功能区，在"控件"组中单击"文本框（ActiveX 控件）"按钮，如图 6.3 所示。

（4）在编辑区拖放一个矩形的文本框，如图 6.4 所示。

图 6.2 "PowerPoint 选项"对话框

图 6.3 "文本框(ActiveX 控件)"按钮

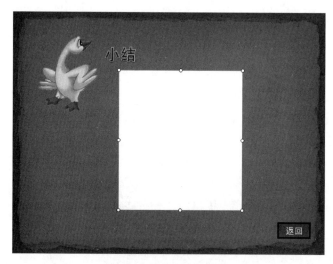

图 6.4 插入文本框控件

6.1.2 设置文本框控件的属性

1. 打开文本框属性设置对话框

选中插入的文本框控件(在文本框四周会出现 8 个小圆点),右击,在弹出的快捷菜单中选择"属性"命令,弹出"属性"对话框,如图 6.5 所示。在这个对话框中可以设置文本框的属性。

🎓 **专家点拨**:选中文本框控件后,在"开发工具"功能区的"控件"组中单击"属性"按钮 属性,也可以打开"属性"对话框。

🎓 **专家点拨**:在"属性"对话框中,默认方式是按照字母顺序对参数项进行排列显示。单击"按分类序"标签,可以使所有参数项按分类的方式进行排列。

2. 文本框控件属性详解

为了更有目的性地设置文本框属性,下面详细讲解常用的属性。

(1) ScrollBars 属性:利用滚动方式显示多行文字内容。其中,属性值 0-fmScrollBarsHorzontal 为没有滚动条;1-fmScrollBarsHorzontal 为水平滚动条;2-fmScrollBarsVertical 为垂直滚动条;3-fmScrollBarsBoth 为水平滚动条与垂直滚动条均存在。当文字少,没有超出文本框时,滚动条设置无效;当文字很多,已超出文本框时,才会出现一个可拖动的滚动条。

(2) Text 属性:在这里可以直接输入文本框中的内容。

(3) BackColor 属性:选择文本框的背景颜色。

(4) BackStyle 属性:选择文本框的相容模式。其中,属性值 0-fmBackStyleTransparent 为透明模式;1-fmBackStyleOpaque 为覆盖模式。

(5) ForeColor 属性:选择文本框中文本的颜色。

(6) SpecialEffect 属性:选择文本框的立体效果。

(7) AutoSize 属性:设为 True 时根据文字多少、大小自动调整文本框的大小。

图 6.5 "属性"对话框

(8) EnterKeyBehavior 属性:设为 True 时允许使用 Enter 键换行。

(9) MultiLine 属性:设为 True 时允许输入多行文字。

(10) TextAlign 属性:选择文本框中文字的对齐方式。其中,属性值 1-fmTextAlingLeft 为左对齐;2-fmTextAlingCenter 为居中;3-fmTextAlingRight 为右对齐。

(11) Height 属性:设置文本框的高度。

(12) Left 属性:以编辑区左上角为坐标原点,设置文本框的横坐标。

(13) Top 属性:以编辑区左上角为坐标原点,设置文本框的纵坐标。

(14) Width 属性:设置文本框的宽度。

(15) Font 属性:设置文本框中文字的字体、字形、大小、效果等。

3. 设置文本框控件属性

下面把幻灯片编辑区的文本框设置成一个带有垂直滚动条的文本框。具体属性的设置如下。

将 ScrollBars 属性设置为 2-fmScrollBarsVertical；将 AutoSize 属性设置为 False；将 EnterKeyBehavior 属性设置为 True；将 MultiLine 属性设置为 True；将 TextAlign 属性设置为 1-fmTextAlingLeft；将文本框的 Height 属性设置为 300，Width 属性设置为 320。

6.1.3 创建文本框中的文字

由于在文本框中没有输入文字，所以还不能看到滚动条，下面在文本框中输入文字。在文本框中输入文字的方法有以下 3 种。

（1）右击设置好的文本框控件，在弹出的快捷菜单中选择"文字框对象"→"编辑"命令，文本框控件四周出现 8 个黑色的方块，光标呈输入文字状态，这时就可以输入文字了。

（2）直接在如图 6.5 所示的"属性"对话框中双击 Text 属性，在其右边的文本框中输入需要的文字。

（3）切换到"幻灯片放映"功能区，在"开始放映幻灯片"组中单击"从当前幻灯片开始"按钮，这样可以放映当前幻灯片，在幻灯片的放映视图中可以直接在文本框中输入文字。

利用第 1 种方法，在文本框中输入关于《咏鹅》这首古诗的总结性文字，当文字超过文本框的容纳范围时，在文本框的右侧就会出现一个滚动条，这样一个带滚动条的文本框就做好了，效果如图 6.6 所示。

图 6.6 在文本框中输入文本

6.2 创建第 7 张幻灯片（展示 Flash 动画）

视频讲解

许多教师在使用 PowerPoint 制作幻灯片课件时，一方面感到这个软件简单实用，另一方面也经常感到它在某些功能上的局限性。

将 PowerPoint 与 Flash 结合在一起制作多媒体课件，是弥补 PowerPoint 功能不足的一种有效方法。可以用 Flash 制作一些复杂的动画演示效果，然后将它们插入 PowerPoint 课件中应用。将 Flash 动画插入 PowerPoint 课件中的方法有两种。

（1）利用 Flash 控件将 Flash 动画插入 PowerPoint 课件中。

（2）通过插入对象的方法将 Flash 动画插入 PowerPoint 课件中。

这两种方法各有特点，用第 1 种方法插入的 Flash 动画，直接放置在幻灯片编辑区中，可以调整它的大小，并且可以利用按钮或其他控件控制它的播放；用第 2 种方法插入的 Flash 动画，是调用 Flash 播放器在幻灯片外部进行播放，动画不占用幻灯片页面，但不能调节动画的尺寸及位置，动画常常将幻灯片内容遮挡住。

根据"咏鹅"课件脚本，课件中第 7 张幻灯片的内容是一个意境动画，这是一个 Flash 动画。下面完成第 7 张幻灯片的制作，并通过制作过程详细讲解将 Flash 动画插入 PowerPoint 课件中的两种方法。

6.2.1 利用 Flash 控件插入 Flash 动画

（1）下面继续编辑"咏鹅.pptx"文档。将其他任意一张幻灯片中的"返回"按钮复制到第 7 张幻灯片上。右击第 7 张幻灯片上的按钮，在弹出的快捷菜单中选择"超链接"命令，弹出"编辑超链接"对话框，更改超链接的目标对象为"幻灯片 4"。

（2）选中第 7 张幻灯片。切换到"开发工具"功能区，单击"其他控件"按钮，弹出"其他控件"对话框，在其中选择 Shockwave Flash Object，如图 6.7 所示。

图 6.7 "其他控件"对话框

（3）单击"确定"按钮后，鼠标指针变成十字形，在幻灯片编辑区拖动出一个矩形，如图 6.8 所示。

（4）在"开发工具"功能区单击"属性"按钮，在弹出的"属性"对话框中设置 Height 为 400，Width 为 578，Movie 为"咏鹅.swf"，如图 6.9 所示。

专家点拨：制作的演示文稿与插入的 Flash 动画文件在一个文件夹下时，设置 Movie 参数时可以省略路径，直接输入文件名；如果不在同一目录下，要以绝对路径的方式写出，如"D:\素材\ part6\咏鹅.swf"。

（5）设置完成后，关闭"属性"对话框。这时幻灯片上就会显示 Flash 动画效果，如图 6.10 所示。

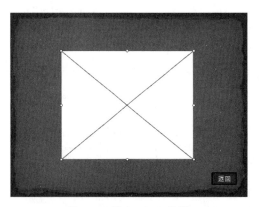

图 6.8　插入 Flash 控件

图 6.9　"属性"对话框

图 6.10　Flash 动画效果

6.2.2 通过插入对象的方法插入 Flash 动画

利用 Flash 控件在 PowerPoint 中插入 Flash 动画是最常用的方法,操作简便并且功能强大。除了这种方法,还有一种利用插入对象在 PowerPoint 中插入 Flash 动画的方法。下面介绍这个方法的具体操作步骤。

1. 插入 Flash 对象

(1)切换到"插入"功能区,在"文本"组中单击"插入对象"按钮,弹出"插入对象"对话框,单击"由文件创建"单选按钮,如图 6.11 所示。

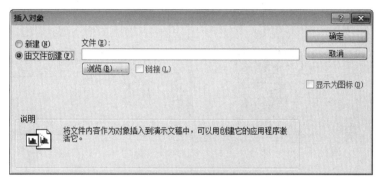

图 6.11 "插入对象"对话框

(2)单击"浏览"按钮,在弹出的"浏览"对话框中选择要插入的 Flash 动画文件"咏鹅.swf",单击"确定"按钮,在幻灯片设计页面插入一个 Flash 对象,如图 6.12 所示。

图 6.12 插入 Flash 对象

2. 激活 Flash 对象

(1)切换到"动画"功能区,在"动画"组中单击"添加动画"按钮。

(2)在"添加动画"列表中选择"OLE 操作动作"命令,在弹出的"OLE 操作动作"对话框中单击"激活内容",然后单击"确定"按钮。这样在编辑区 Flash 对象左侧出现一个动画序号标志,如图 6.13 所示。

> 📌 **专家点拨**：选择"激活内容"很重要，如果不定义动画效果，插入的 Flash 动画将不能被播放。

3. 包装 Flash 对象

（1）在幻灯片编辑区，右击插入的 Flash 对象，在弹出的快捷菜单中选择"包装程序外壳对象"→"重命名数据包"命令。在弹出的"重命名数据包"对话框中，在"标签"文本框中输入"单击此处观看咏鹅意境动画演示"，如图 6.14 所示。单击"确定"按钮。

图 6.13　激活 Flash 对象

图 6.14　更改对象标签

（2）在幻灯片编辑区，右击 Flash 对象，在弹出的快捷菜单中选择"包装程序外壳对象"→"转换"命令，弹出"转换"对话框，如图 6.15 所示。单击"更改图标"按钮，弹出"更改图标"对话框，在其中选择一个合适的图标，如图 6.16 所示，单击"确定"按钮。

图 6.15　"转换"对话框

图 6.16　"更改图标"对话框

（3）返回"转换"对话框，单击"确定"按钮。

（4）在幻灯片编辑区，选中 Flash 对象，拖动它的控制点调整大小及位置，效果如图 6.17 所示。

（5）和第 1 种方法不同，这时在幻灯片编辑区看不到插入的 Flash 动画效果。单击"幻灯片放映"按钮，在幻灯片放映页面上单击插入对象的标签，则弹出 Flash 播放器窗口，并且开始播放 Flash 动画，如图 6.18 所示。

> 📌 **专家点拨**：利用插入对象方法插入的 Flash 动画，在幻灯片播放时，调用系统的 Flash 播放器，这使制作的幻灯片在应用上有了局限性，为了避免这种情况，可以先把 Flash

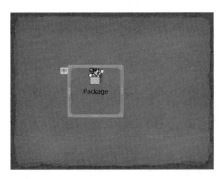

图 6.17　对象包装以后的幻灯片效果

图 6.18　播放 Flash 动画

制作成 EXE 可执行文件,然后再用插入对象的方法将 EXE 文件插入即可。

(6) 单击"文件"选项卡→"另存为"命令,弹出"另存为"对话框。在"保存类型"下拉列表中选择"启动宏的 PowerPoint 演示文稿",如图 6.19 所示。

图 6.19　"另存为"对话框

(7) 单击"保存"按钮,将课件保存为启动宏的演示文稿。这样可以保证幻灯片中插入的 Flash 对象可以正常播放。

6.3 编辑第 5 张幻灯片(添加视频)

第 5 张幻灯片实现的是课件"练习"模块的内容,其中包括一个练习——让学生画一只鹅。下面在幻灯片中插入一个视频,演示画鹅的过程。

PowerPoint 提供了对视频很好的支持,能够方便地向幻灯片中添加视频,以丰富演示文稿的内容。PowerPoint 可支持 AVI、CDA、MPG、MPE、MPEG 和 ML 等常见格式的视频文件。

6.3.1 直接插入视频

(1) 下面继续编辑"咏鹅.pptx"文档。选择要添加视频的第 5 张幻灯片,在"插入"功能区的"媒体"组中单击"视频"按钮,在弹出的下拉列表中选择"文件中的视频"命令,打开"插入视频文件"对话框,定位到相关视频文件所在的文件夹,选中相应的视频文件"画鹅.avi",如图 6.20 所示。

图 6.20 "插入视频文件"对话框

(2) 单击"插入"按钮。选中视频后,在"播放"功能区的"视频选项"组中可选择视频播放方式,如图 6.21 所示。

(3) 此时,选择的视频文件被插入幻灯片中,幻灯片中视频文件的播放窗口的大小和位置是可调整的。通过拖动边框上的控制柄,可调整视频播放窗口的大小,拖动整个播放窗口可改变视频播放的位置。单击幻灯片中的视频按钮,可在幻灯片中播放视频文件,预览其播放效果,如图 6.22 所示。

图 6.21　设置视频播放方式

图 6.22　插入幻灯片中的视频

专家点拨：在"插入"功能区的"媒体"组中单击"视频"按钮，在弹出的下拉列表中选择"剪贴画视频"命令，打开"剪贴画"任务窗格，在其中会列出安装的自带视频文件，也可以在其中搜索视频文件，单击视频文件图标，可将其插入幻灯片中。

6.3.2　利用视频控件插入视频

除了直接插入视频文件外，还可以利用 Windows Media Player 控件（简称 WMP 控件）插入视频。用此方法插入视频，课件操作者能够随心所欲地进行播放操作。

1. 插入 Windows Media Player 控件

（1）选中第 5 张幻灯片。切换到"开发工具"功能区，单击"其他控件"按钮，弹出"其他控件"对话框，选择 Windows Media Player，如图 6.23 所示。

图 6.23　选择 Windows Media Player 控件

(2) 在编辑区中拖放一个 Windows Media Player 控件,此时各播放控制按钮无效,呈灰色状态。调整控件的尺寸和位置,如图 6.24 所示。

2. 设置 Windows Media Player 控件属性

(1) 右击 Windows Media Player 控件,在弹出的快捷菜单中选择"属性"命令,弹出"属性"对话框。

(2) 设置 URL 参数项为"画鹅.avi",如图 6.25 所示。

图 6.24　插入 Windows Media Player 控件　　　图 6.25　设置播放的视频文件

专家点拨:制作的幻灯片文件与插入的视频文件在一个文件夹下时,设置 URL 参数可以省略路径,直接输入文件名。如果不在同一目录下,要以绝对路径的方式写出,如"E:\素材\ part6\咏鹅.avi"。

(3) 此时,播放当前幻灯片,将看到一个 Windows Media Player 播放器,通过播放器上的控制按钮可以很轻松地控制视频的播放。

专家点拨:利用 Windows Media Player 控件,除了可以插入视频并控制它的播放以外,还可以插入声音并控制它的播放。另外,除了本节介绍的插入视频的两种方法以外,还可以通过插入对象的方法插入视频对象,并利用动画功能的触发器对视频对象进行控制。有关这方面的详细内容,请阅读第 7 章的相关内容。

6.4 自定义课件背景——母版的应用

视频讲解

课件能否够吸引学生的注意力并达到满意的课堂效果，外观的设计是一个重要因素。PowerPoint 提供了母版功能，在制作课件时，灵活地应用幻灯片母版，不仅可以使幻灯片保持一致的外观样式，而且可以快速构建课件，使课件的制作事半功倍。

6.4.1 母版简介

在 PowerPoint 中，母版实际上是一种特殊的幻灯片，这种幻灯片是演示文稿的重要组成部分。母版保存了满足不同需要的幻灯片的版面信息和组成元素的样式信息，这些信息都是已经在母版中设置好的。在创建幻灯片时，不需要对幻灯片进行再设置，在相应的位置输入需要的内容即可。灵活地使用母版，能够有效地避免重复操作，提高工作效率。更重要的是，使用母版能够使演示文稿的幻灯片具有统一的样式和风格。

PowerPoint 提供了 3 种母版类型，分别是幻灯片母版、讲义母版和备注母版。

1. 幻灯片母版

幻灯片母版用于控制该演示文稿中所有幻灯片的格式。当对幻灯片母版中某张幻灯片进行格式设置后，则演示文稿中基于该母版幻灯片版式的幻灯片将应用该格式。

要设置幻灯片母版，可以选择"视图"功能区，单击"母版视图"组中的"幻灯片母版"按钮，打开"幻灯片母版"视图，如图 6.26 所示。在该母版中包含了所有幻灯片版式，用户可以单击某种幻灯片版式，在编辑区像对演示文稿中的普通幻灯片一样对其进行字体格式、主题、背景、动画效果等格式设置，还可以插入图片、图表以及 SmartArt 图形等。

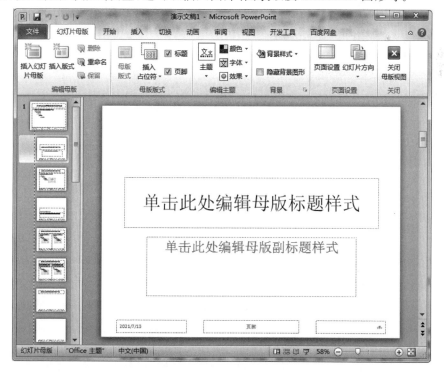

图 6.26 "幻灯片母版"视图

当单击了"母版视图"组中的"幻灯片母版"按钮后,会出现一个"幻灯片母版"选项卡。在这个选项卡中可以编辑母版、设置母版版式以及编辑主题和背景等。

幻灯片母版是构建幻灯片的基础,用于设计幻灯片的结构。另外,可以通过在幻灯片母版中制作背景以使课件中每张幻灯片都具有统一的背景效果。

2. 讲义母版

讲义母版是为制作讲义而准备的,其用于格式化讲义并控制讲义的打印格式。讲义母版可以更改文字的位置、为幻灯片添加图片和图形等对象,以及为幻灯片添加页眉和页脚信息等。在"视图"功能区的"母版视图"组中单击"讲义母版"按钮,能够进入"讲义母版"视图进行讲义母版的制作,如图 6.27 所示。

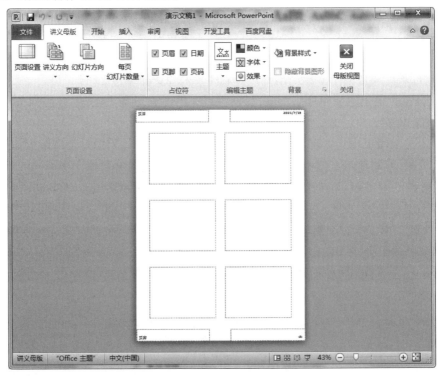

图 6.27 "讲义母版"视图

3. 备注母版

备注母版的功能是格式化备注页,用于使备注页具有统一的外观。同时,备注母版也可以用于调整幻灯片的大小和位置。在"视图"功能区的"母版视图"组中单击"备注母版"按钮,能够进入"备注母版"视图进行备注母版的制作,如图 6.28 所示。

6.4.2 定制"咏鹅"课件背景

前面基本完成了"咏鹅"课件的设计与制作,利用 PowerPoint 的内置主题统一了课件的外观。本节利用幻灯片母版的功能对"咏鹅"课件的背景进行全新的设计,效果如图 6.29 所示。

下面是详细的制作步骤。

(1) 打开"咏鹅.pptx"文档,继续对它进行编辑。将其另存为"咏鹅_母版.pptx"文档。

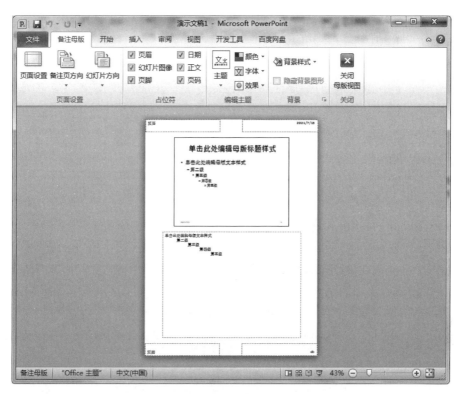

图 6.28 "备注母版"视图

图 6.29 "咏鹅"课件效果

(2) 在"视图"功能区的"母版视图"组中单击"幻灯片母版"按钮,此时切换到"幻灯片母版"视图,如图 6.30 所示。左侧窗格中列出了不同版式的母版幻灯片,将鼠标移动至这些幻灯片上,可以看到母版版式的提示信息以及该母版被哪些幻灯片使用。

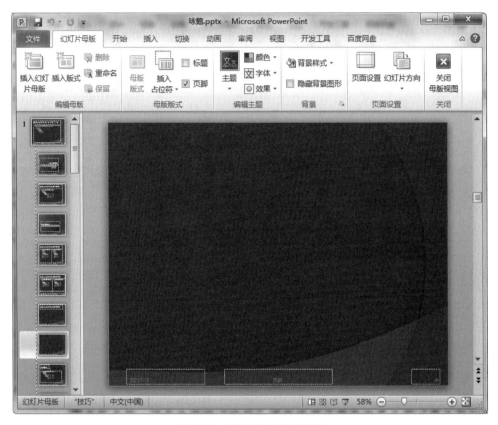

图 6.30 "幻灯片母版"视图

专家点拨:因为之前的"咏鹅"课件使用了两个内置主题(第 1 张幻灯片使用"技巧"主题,其他幻灯片使用"纸张"主题),所以左侧窗格中包括两组母版幻灯片。

(3) 在左侧窗格中选择第 1 组母版幻灯片中的第 1 张幻灯片,然后在"幻灯片母版"功能区的"编辑主题"组中单击"主题"按钮,在弹出的下拉列表中选择"Office 主题",如图 6.31 所示。

(4) 按照步骤(3)同样的方法,将第 2 组母版幻灯片的主题也更换成"Office 主题"。这样,左侧窗格中就变成了一组母版。

(5) 在左侧窗格中选择第 1 张母版幻灯片(Office 主题幻灯片母版),下面就对这张幻灯片进行编辑。如果在该母版幻灯片中添加对象,那么在每张幻灯片上都会显示。

(6) 在"插入"功能区的"插图"组中单击"图片"按钮,弹出"插入图片"对话框,选择需要插入的图片,如图 6.32 所示。单击"插入"按钮,将图片插入选择的幻灯片母版中。

(7) 使用绘图工具在母版幻灯片的底部绘制一个绿色的无边框矩形,并且设置其填充色为绿色渐变色,效果如图 6.33 所示。

(8) 将插入的 3 幅图片进行适当的编辑,并放置在合适的位置,效果如图 6.34 所示。

第 6 章 控件及母版的应用 113

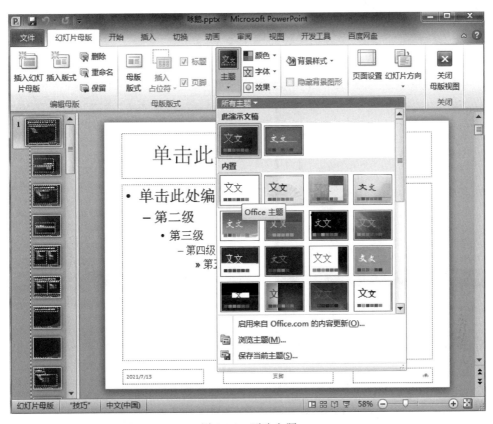

图 6.31 更改主题

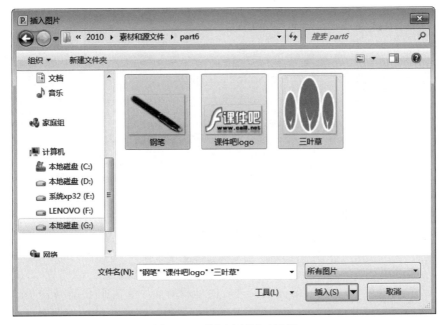

图 6.32 "插入图片"对话框

专家点拨：当多幅图片重叠在一起时，可以右击图片，在弹出的快捷菜单中通过执行"置于顶层"和"置于底层"命令调整图片的叠放次序。

(9) 在"幻灯片母版"功能区的"背景"组中单击"背景样式"按钮，在弹出的下拉列表中选择"设置背景格式"命令，弹出"设置背景格式"对话框。

图 6.33 绘制绿色矩形

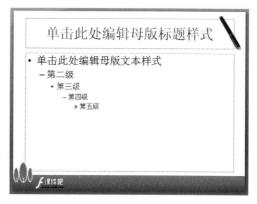

图 6.34 编辑并放置 3 个图片

(10) 在"设置背景格式"对话框中的左侧窗格中选择"填充"，然后在右侧窗格中单击"渐变填充"单选按钮。在"预设颜色"下拉列表中选择"茵茵绿草"，在"类型"下拉列表中选择"标题的阴影"，如图 6.35 所示。

图 6.35 "设置背景格式"对话框

(11) 设置完成后，单击"关闭"按钮。这时的母版幻灯片效果如图 6.36 所示。

(12) 在"幻灯片母版"功能区单击"关闭母版视图"按钮，这样就返回到普通视图模式。因为对母版进行了编辑，所以在普通视图下可以看到"咏鹅"课件中的所有幻灯片背景都发生了改变。

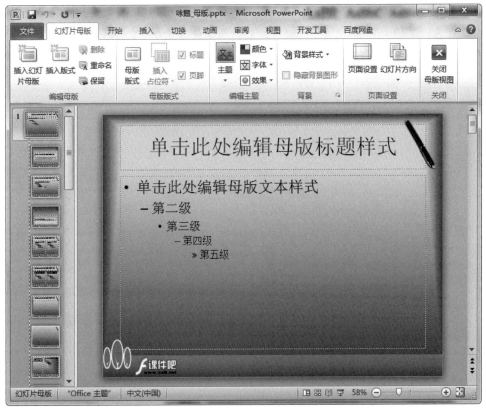

图 6.36　母版幻灯片效果

（13）观察"咏鹅"课件中的幻灯片内容，发现有些对象的外观不适合目前的背景，这里主要是一些文字的颜色不适合目前的背景颜色，可以对它们进行适当的编辑。至此，本实例制作完毕，保存文档。

第 7 章 课件的放映和发布

PowerPoint 课件制作完成之后,便可以通过放映演示文稿观看其制作效果。而在进行放映之前,可以根据放映场所的不同设置不同的放映方式;同时,还可以为演示文稿排练计时和录制旁白,从而增强课件的多媒体性。

发布 PowerPoint 课件是最后一个重要环节,它保证了制作好的课件可以在任何需要的环境中进行完美的展示。可以将 PowerPoint 课件打包,也可以将 PowerPoint 课件保存为需要的格式。

本章主要内容:
- 放映 PowerPoint 课件
- 发布 PowerPoint 课件

视频讲解

7.1 放映 PowerPoint 课件

用 PowerPoint 制作好的多媒体课件,最终要拿到课堂上作为教学使用,如果在上课之前不对课件进行认真、仔细的调试,课件在课堂上放映时就有可能出现这样或那样的错误。因此,如何使自己制作的课件在教学过程中正常放映,是课件制作和放映过程中的一项重要任务。

7.1.1 设置课件的放映方式

1. "幻灯片放映"功能区简介

幻灯片放映的操作一般在"幻灯片放映"功能区进行,如图 7.1 所示。

"幻灯片放映"功能区包含 3 个组,分别是"开始放映幻灯片""设置""监视器"。

在"开始放映幻灯片"组,可以让幻灯片从头开始播放、从当前幻灯片开始播放、广播幻灯片,或者自定义幻灯片放映。

在"设置"组,可以设置幻灯片放映的方式、隐藏某张幻灯片,还可以录制幻灯片演示、进行幻灯片播放排练计时等。

在"监视器"组,可以设置幻灯片播放的分辨率,而且可以使用演示者视图的功能(针对使用两台监视器的情况)。

2. 隐藏幻灯片

对于同一节课,针对不同班级、不同层次的学生,教师需要对教学目标和具体的教学内容进行适当的调整。如果为此设计多个教学课件,则会浪

第 7 章　课件的放映和发布　　117

图 7.1　"幻灯片放映"功能区

费大量时间。实际上，教师在制作课件时完全可以在一个课件中加入所有教学内容，在使用课件时，针对不同的教学目标使用不同的幻灯片。要达到这个目的，可以在课件播放前将不需要的内容幻灯片隐藏，这样在课件播放时隐藏的幻灯片就不会播放，从而使一个课件能够适应多个教学目标。

（1）启动 PowerPoint 2010，打开"有趣的半圆形.pptx"课件，在左侧幻灯片列表中选择需要隐藏的幻灯片。

（2）在"幻灯片放映"功能区的"设置"组中单击"隐藏幻灯片"按钮，此时选择幻灯片的编号将会添加一个带斜线的黑框，如图 7.2 所示。播放课件时，这些被隐藏的幻灯片将不会播放。

图 7.2　隐藏幻灯片

3. 设置放映方式

在使用课件前，教师还可以使用"设置放映方式"对话框对课件的放映方式进行个性化设置，使其能够更好地满足课堂教学的需要。

在"幻灯片放映"功能区的"设置"组中单击"设置幻灯片放映"按钮，弹出"设置放映方式"对话框，在其中可以对课件放映类型、放映特定的幻灯片、放映课件时的换片方式以及循环放映幻灯片进行设置，如图 7.3 所示。

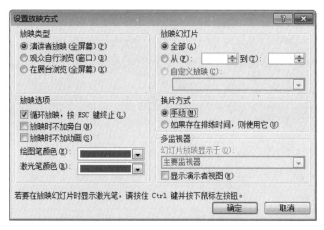

图 7.3 "设置放映方式"对话框

在"设置放映方式"对话框中的"放映类型"选项区域中提供了 3 种放映类型供用户选择使用。下面对它们分别进行介绍。

（1）"演讲者放映（全屏幕）"方式。这是一种常见的幻灯片放映方式，该方式的演示文稿是在全屏的方式下进行放映，并且演讲者也能够在放映时对放映进行控制。

（2）"观众自行浏览（窗口）"方式。在这种放映方式下，演示文稿将在一个窗口中显示，观众可以拖动窗口右侧的滚动条上的滑块或单击滚动条上的按钮观看幻灯片。

（3）"在展台浏览（全屏幕）"方式。这种方式适用于商业展示、会议或公共场所等需要自动放映的场合。在幻灯片播放时，演示文稿会自动地循环播放，并且大多数控制命令在演示时都不可用，以避免观众对自动播放的干涉。

7.1.2 自动循环放映幻灯片

通常情况下，PowerPoint 演示文稿有两种放映形式：一种是通过鼠标单击切换幻灯片，另一种是自动循环放映幻灯片。

举行讲座、研讨会，或者上课前为了活跃气氛、突出主题，可以制作一个包括几张幻灯片循环放映的演示文稿，这样循环不断地将一些主题信息展示给观众，能取得较好的演示效果。

制作自动循环播放的幻灯片有两种方法，一种方法是在"切换"功能区中通过设置"换片方式"来完成，另一种方法是在"幻灯片放映"功能区通过"排练计时"方法来完成。

1. 第 1 种方法

（1）启动 PowerPoint 2010，打开"有趣的半圆形.pptx"课件。选中第 1 张幻灯片。

(2) 在"切换"功能区中,首先设置幻灯片的切换效果,包括应用于所选幻灯片的切换效果、速度、声音等。

(3) 在"计时"选项区域先取消对"单击鼠标时"复选项的勾选,然后勾选"设置自动换片时间"复选框,并在右侧的文本框中输入 00:06.00(单位是秒,这是自动切换幻灯片的时间间隔),如图 7.4 所示。

图 7.4 输入自动切换幻灯片的时间间隔

(4) 单击"全部应用"按钮,这样演示文稿中所有幻灯片都将使用前面设置的幻灯片切换方式。切换到"幻灯片浏览"视图,会发现每张幻灯片的下边都显示了一个时间标记,如图 7.5 所示。

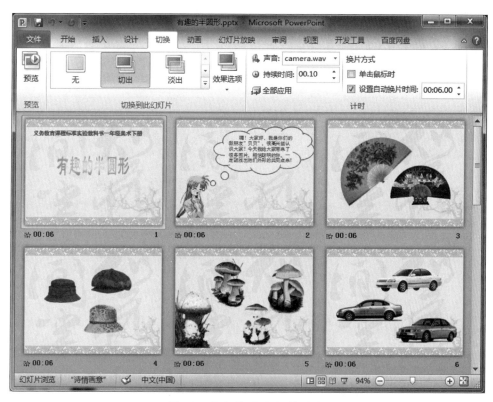

图 7.5 幻灯片下显示时间标记

(5) 从头开始播放幻灯片,可以看到幻灯片每隔 6s 自动播放的效果。

专家点拨:从图 7.5 可以看出,所有幻灯片自动切换的时间间隔都是 6s,如果想更改部分幻灯片的自动切换时间间隔,那么可以选中相应的幻灯片,然后在"设置自动换片时间"文本框中重新输入间隔时间。

2. 第 2 种方法

(1) 启动 PowerPoint 2010,打开"有趣的半圆形.pptx"课件。

(2) 在"幻灯片放映"功能区中单击"排练计时"命令,进入放映状态,同时打开"录制"面板,开始排练计时,如图 7.6 所示。

图 7.6 "录制"面板

专家点拨:在"录制"面板中间显示的是当前幻灯片播放的时间,右边显示的是整个演示文稿播放需要的时间。

(3) 手动完整播放一次演示文稿,利用"录制"对话框中的"暂停""重复"等按钮控制排练计时过程,以获取最佳的播放时间。

(4) 演示文稿播放结束后,系统会弹出一个提示是否保存计时结果的对话框,如图 7.7 所示。单击"是"按钮保存排练时间即可。

图 7.7 保留排练时间提示

专家点拨:要应用记录的排练时间,在"幻灯片放映"功能区中必须勾选"设置"组中的"使用计时"复选框或在"设置放映方式"对话框的"换片方式"选项区域中选择"如果存在排练时间,则使用它"选项。

(5) 演示文稿进行了排练计时后,就能自动播放了,如果想改回手动控制播放,可以在"幻灯片放映"功能区中单击"设置幻灯片放映"按钮,弹出"设置放映方式"对话框,在"换片方式"选项区域中单击"手动"单选按钮,最后单击"确定"按钮即可,如图 7.8 所示。

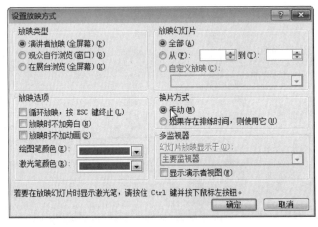

图 7.8 设置手动放映方式

7.1.3 自定义幻灯片放映方案

在播放课件时,如果需要针对不同的学生演示不同的内容,除了可以使用隐藏幻灯片方法外,还可以应用 PowerPoint 的自定义幻灯片放映功能。应用该功能,教师可以创建幻灯片放映方案,不仅可以指定需要放映哪些幻灯片,还可以任意设置这些幻灯片放映的顺序而无须遵循其在课件中的顺序。在创建了幻灯片放映方案后,播放课件时,教师只需要选择放映方案进行放映即可。

(1) 启动 PowerPoint 2010,打开"有趣的半圆形.pptx"课件。

(2) 在"幻灯片放映"功能区的"开始放映幻灯片"组中单击"自定义幻灯片放映"按钮,在弹出的下拉列表中选择"自定义放映"命令,弹出"自定义放映"对话框。

(3) 单击"新建"按钮,弹出"定义自定义放映"对话框,在其中的"幻灯片放映名称"文本框中输入名称,在"在演示文稿中的幻灯片"列表中选择需要放映的幻灯片后单击"添加"按钮将其添加到右侧的"在自定义放映中的幻灯片"列表中,如图 7.9 所示。

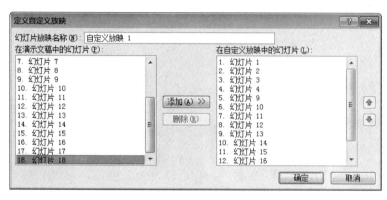

图 7.9 "定义自定义放映"对话框

专家点拨:在"定义自定义放映"对话框的"在自定义放映中的幻灯片"列表中选择某张幻灯片后单击"删除"按钮,可以将其从列表中删除,单击 ▲ 和 ▼ 按钮可以调整幻灯片在列表中的位置,这个位置决定了幻灯片播放的顺序。

(4) 完成设置后,单击"确定"按钮关闭"定义自定义放映"对话框,在"自定义放映"对话框的"自定义放映"列表中将出现刚才创建的放映方案,如图 7.10 所示。

图 7.10 "自定义放映"对话框

专家点拨:在"自定义放映"对话框中,选择某个方案后单击"删除"按钮可删除该方案。选择某个方案后,单击"复制"按钮可在列表中添加该方案的副本。单击"放映"按钮可直接按选择方案的设置放映幻灯片,以预览设置的放映效果。

(5) 单击"关闭"按钮,关闭"自定义放映"对话框。在"幻灯片放映"功能区的"开始放映幻灯片"组中单击"自定义幻灯片放映"按钮,列表中将出现新建的自定义放映方案,如图 7.11 所示。选择某个方案即可按照自定义方案放映幻灯片了。

图 7.11　选择放映方案

7.2　发布 PowerPoint 课件

在实际应用中,当在其他计算机上播放 PowerPoint 课件时,常常会遇到很多问题。典型的问题包括课件在计算机上无法播放、在课件中插入的视频和声音播放不了以及课件中显示的文字字体并非制作时的字体等。另外,如果在课件中插入了 Flash 动画,有时也会遇到动画无法播放的问题。为了避免这些问题的出现,就必须正确地发布 PowerPoint 课件。

视频讲解

7.2.1　将 PowerPoint 课件打包成 CD 数据包

将 PowerPoint 课件打包成 CD 数据包,具有存储容量大、易于携带、数据存储安全等优势。PowerPoint 2010 能将课件中涉及的演示文稿、媒体文件、放映课件所需的播放器文件(PowerPoint Viewer)及相关的配置文件自动复制到某个文件夹下,用户可以根据需要将其刻录在 CD 光盘或复制到 U 盘上。这有效地避免了因支持文件的丢失而造成工作环境改变后课件无法播放的问题,为课件的传播和播放提供了极大的方便。

下面介绍将 PowerPoint 课件打包成 CD 数据包的具体操作步骤。

(1) 以任意一个制作完成的演示文稿为例。在"文件"选项卡左侧列表中选择"保存并发送"选项,在中间的"文件类型"栏中选择"将演示文稿打包成 CD"选项。单击右侧的"打包成 CD"按钮,如图 7.12 所示。

(2) 此时将弹出"打包成 CD"对话框,如图 7.13 所示,在其中添加需要打包的演示文稿。单击"选项"按钮,弹出"选项"对话框,可以对文件包含的内容进行选择,也可以为演示文稿添加密码保护,如图 7.14 所示。

(3) 在完成设置后,单击"复制到 CD"按钮,如果计算机安装了光盘刻录机,则课件相关内容将自动刻录到 CD 光盘上。

(4) 如果需要将打包文件存储到磁盘的指定文件夹中,可以单击"复制到文件夹"按钮,弹出"复制到文件夹"对话框,如图 7.15 所示。单击"位置"文本框右侧的"浏览"按钮,弹出"选择位置"对话框,在其中选择打包文件复制的位置。

(5) 完成设置后,单击"确定"按钮,PowerPoint 给出提示确认要复制的内容,如图 7.16 所示。根据需要单击相应的按钮后,打包后的文件即复制到指定的文件夹中。在上课时,教师只要携带这些文件即可保证课件顺利放映。

第 7 章 课件的放映和发布　123

图 7.12　打包成 CD 数据包

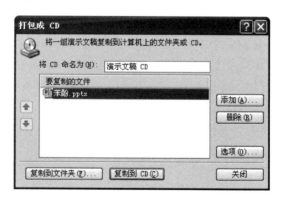

图 7.13　"打包成 CD"对话框

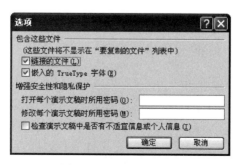

图 7.14　"选项"对话框

图 7.15 "复制到文件夹"对话框

图 7.16 PowerPoint 提示对话框

7.2.2 直接复制课件

这种方法简单、方便,只要将制作完成的演示文稿整个目录复制到 U 盘上进行携带就行了。复制到另一台计算机后,视频文件、背景音乐甚至都不用重新设置就能正常播放,但这种方法也有一个缺点,那就是在运行这个演示文稿的计算机上必须安装相应版本的 PowerPoint 软件才能正常播放课件。

首先建立一个独立的文件夹,把 PowerPoint 演示文稿以及其链接的视频文件和声音文件都放进去,发布时只要复制这个文件夹的全部内容即可。因为在 PowerPoint 放映过程中,播放外部链接的视频文件或声音文件时,先会按照插入时的路径去找,如果找不到,则会自动播放演示文稿所在目录中的同名文件,如果演示文稿所在目录中也找不到文件,就不能播放此外部链接文件了。

这种方法适合发布具有以下特点的演示文稿。

(1) 有外部链接的视频文件或声音文件。

(2) 不需要嵌入 TrueType 字体。

这种方法最大的优点在于复制到 U 盘后无须解包就可直接运行,也就不需要用 WinRAR 协助发布,很方便;最大的缺点就是在播放这个演示文稿的计算机上必须安装相关的 PowerPoint 软件版本,否则演示文稿不能正常播放。

7.2.3 将 PPT 课件发布为其他格式

将课件保存为 *.pptx 或 *.ppt 格式,播放该课件的计算机必须要安装 PowerPoint。实际上,PowerPoint 课件可以保存为直接运行的放映格式,这种格式的文件可以脱离 PowerPoint 软件进行播放。要保存为这种格式,可以在"另存为"对话框中的"保存类型"下拉列表中选择"PowerPoint 放映(*.ppsx)",将课件保存为自动放映文件,如图 7.17 所示。

双击 PowerPoint 放映文件,将自动开始播放而不会进入 PowerPoint 编辑状态,这样将无法对这种格式的课件内容进行修改,在某些时候这也许会带来一些麻烦。要实现对

第 7 章 课件的放映和发布

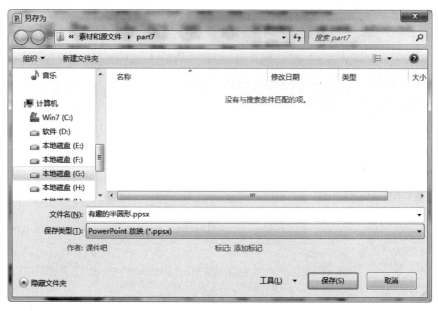

图 7.17　设置保存类型为"PowerPoint 放映"

PowerPoint 放映文件的编辑，可以直接将文件的扩展名更改为.pptx，或是启动 PowerPoint 后使用"打开"命令打开该文件。

PowerPoint 能够直接将演示文稿保存为视频格式，发布为视频格式能够方便网络传播，但失去了交互效果，视频将只能显示课件中的内容。要将课件保存为视频方式，一种方式是在"另存为"对话框的"保存类型"下拉列表中选择"Windows Media 视频（*.wmv）"选项，可以直接将课件保存为 WMV 视频，如图 7.18 所示。

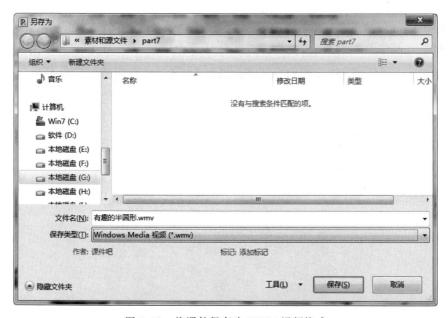

图 7.18　将课件保存为 WMV 视频格式

另外一种方法是在 PowerPoint 的"文件"选项卡左侧列表中选择"保存并发送"命令,在中间的"文件类型"栏中选择"创建视频"选项,在右侧"创建视频"栏中对创建的视频进行设置,单击"创建视频"按钮即可将课件创建为视频,如图 7.19 所示。

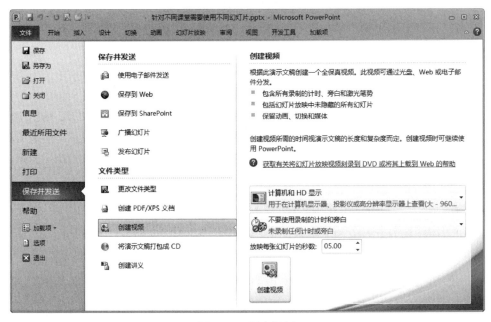

图 7.19　创建视频

专家点拨:因为 PowerPoint 2010 可以直接将 PPT 课件创建为视频,所以可以直接利用 PowerPoint 制作微课。

另外,PowerPoint 提供了对 PDF 格式文件的直接支持。可以直接通过浏览器浏览 PDF 文件内容,但用户不能对文档进行编辑,这种格式的文档比较适合作为电子文档发行,便于保证文档的版权。同时,课件还可以以图片的方式保存下来,其优势在于能够直接置于网页中,从而便于网络传播,保存的内容不会被修改,同时也不用担心字体不全影响课件效果等问题。但这种文件格式属于静态文件,没有交互和各种动画效果,当然也无法再使用 PowerPoint 对其进行编辑。可以直接在"另存为"对话框的"保存类型"下拉列表中选择相应的文件类型后直接保存 PDF 格式文件。

第8章 PowerPoint课件制作常见问题和技巧

前7章通过围绕一个"咏鹅"课件实例,按照课件脚本的编写、制作课件片头、制作课件主控导航界面、制作课件内容、课件的放映和发布等步骤,系统讲解了用 PowerPoint 制作多媒体课件的过程。相信通过这些章节内容的学习,读者已经理解了课件开发的完整过程,并掌握了使用 PowerPoint 制作一个完整多媒体课件的方法。

但是,毕竟一个课件实例的内容有限,通过一个课件内容的制作无法涵盖 PowerPoint 制作多媒体课件的所有方法和技巧。为了让读者更全面地掌握 PowerPoint 制作多媒体课件的知识,本章将研究一些 PowerPoint 课件制作过程中常见的问题和技巧。

本章主要内容:
- 典型课件制作方法
- 动画功能在课件中的应用实例
- PowerPoint 课件制作高级应用

8.1 典型课件制作方法

不管是理科教师还是文科教师,都会经常制作一些典型的课件,如包括汉语拼音的语文课件、包括英语国际音标的英语课件、包括数学公式或函数图像的数学课件、包括电路图的物理课件、包括图表对象的课件等。本节介绍这些典型课件的制作方法。

8.1.1 在课件中添加汉语拼音和英语国际音标

在制作课件时,经常会用到一些键盘上没有标明的特殊符号,如汉语拼音和英语国际音标等。下面就讲解如何在课件中添加汉语拼音和英语国际音标。

视频讲解

1. 在课件中添加汉语拼音

第5章已经介绍了一种利用 Word 创建汉语拼音的方法。其实利用汉字输入法中自带的拼音符号也可以实现汉语拼音的输入。下面以"智能 ABC"输入法为例,介绍在 PowerPoint 中输入汉语拼音的方法。

(1) 打开"汉语拼音.ppt"课件实例文件,在这个文件的基础上进行操作。该文件有一张幻灯片,效果如图 8.1 所示。

(2) 分别选中相应的文字,单击"开始"功能区"字体"组中的"下画线"

图 8.1 实例幻灯片效果

按钮 **U**,设置下画线效果,如图 8.2 所示。

(3) 将光标分别定位在小括号内,在"智能 ABC"输入法状态栏 上右击"软键盘开关"按钮 ,弹出软键盘选择菜单,如图 8.3 所示。

图 8.2 添加下画线　　　　　　　图 8.3 软键盘选择菜单

(4) 选择其中的"拼音"选项,则屏幕上出现如图 8.4 所示的拼音软键盘。

(5) 可以看到,拼音软键盘上有很多汉语拼音符号,如果想输入拼音符号,在拼音软键盘上单击相应的按钮即可。完成以后的效果如图 8.5 所示。

图 8.4 拼音软键盘　　　　　　　图 8.5 添加汉语拼音实例效果

专家点拨：在输入拼音符号时，要经常进行软键盘的切换，可以通过单击"软键盘开关"按钮关闭和打开拼音软键盘。

2. 在课件中添加英语国际音标

用 PowerPoint 的插入符号功能可以直接输入英语国际音标，下面以输入音标[ˈhæpi]为例，讲解在课件中添加英语国际音标的方法。

（1）接着上面的实例继续操作，插入一张空白幻灯片，创建一些图形和文字对象，插入文本框用来创建英语国际音标，先输入方括号和其他英文小写字母，将光标定位到将要插入英语国际音标符号的位置，如图 8.6 所示。

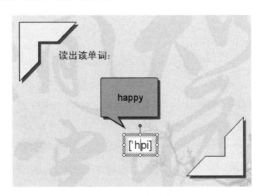

图 8.6　定位光标

（2）单击"插入"功能区"文本"组中的"符号"按钮，弹出"符号"对话框，单击"子集"下拉列表，选择其中的"拉丁语-1 增补"选项，如图 8.7 所示。

专家点拨：在"子集"下拉列表中有一个"国际音标扩充"选项，也经常要选择这个选项插入所需要的国际音标符号。

图 8.7　"符号"对话框

（3）在符号列表中选择需要的国际音标符号，单击"插入"按钮即可将选中的符号插入当前光标处,最后单击右上角的"关闭"按钮,关闭"符号"对话框。插入国际音标后的效果如图 8.8 所示。

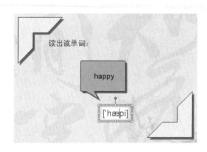

图 8.8　插入国际音标后的效果

8.1.2　创建数学公式

数学课件和物理课件中经常会用到公式,用户往往觉得在课件中加入公式很复杂,其实,利用 Office 2010 可以很方便地创建公式。

1. 公式功能

(1) 启动 PowerPoint 2010,单击"插入"功能区"符号"组中的"公式"按钮,如图 8.9 所示。

图 8.9　单击"公式"按钮

专家点拨:如果要插入公式,在 Office 2007 及以前版本的软件中需要安装"Microsoft 公式 3.0"组件,而在 PowerPoint 2010 中系统已经自带插入公式的功能,所以很容易就可以将公式插入幻灯片。

(2) 例如,要插入一个二项式定理公式。在"公式"下拉列表中选择"二项式定理"公式选项,如图 8.10 所示。

(3) 在幻灯片编辑区就出现了相应的数学公式,这样即可完成公式的插入。

2. 插入新公式

(1) 新建一个演示文稿,设置空白版式并选择合适的主题。在幻灯片编辑区插入一个文本框并输入文字,如图 8.11 所示。

(2) 保持光标处于文本框中,然后在"插入"功能区"符号"组中单击"公式"按钮,选择"插入新公式"命令,如图 8.12 所示。

(3) 此时,出现"公式工具"功能区及"设计"选项卡,如图 8.13 所示。利用其中的命令就可以创建所需要的各种公式。

第 8 章　PowerPoint 课件制作常见问题和技巧　　**131**

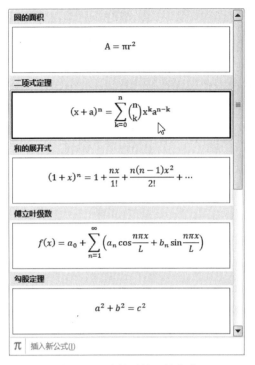

图 8.10　选择要插入的公式

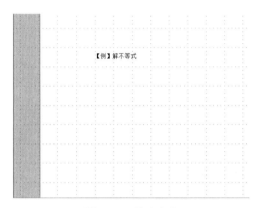

图 8.11　输入文字

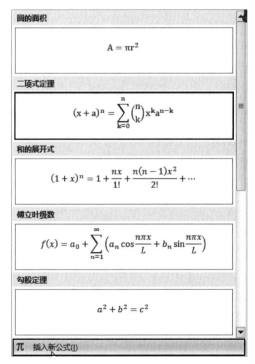

图 8.12　插入新公式

图 8.13　"公式工具"功能区及"设计"选项卡

3. 编辑数学公式

（1）插入第 1 个根式。单击"公式工具"功能区"设计"选项卡"结构"组中的"根式"按钮，在弹出的下拉列表中选择"根式"模板，如图 8.14 所示，这样在当前光标处就出现一个根号，并且光标在其中闪动。在根号下输入 $3x-4$，如图 8.15 所示。

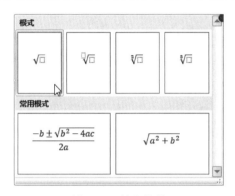

图 8.14　插入根号

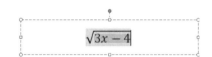

图 8.15　输入根式

（2）接下来输入第 2 个根式。按键盘上的右方向键→，将光标移出根号，请注意观察光标高度的变化，然后输入减号"－"，如图 8.16 所示。

（3）再次单击"根式"按钮，在弹出的下拉菜单中选择"根式"模板，输入另一个根式，再移动光标，输入根号外的内容，完整的公式如图 8.17 所示。

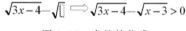

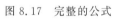

图 8.16　将光标移出根号并输入减号　　　　图 8.17　完整的公式

视频讲解

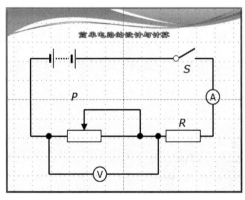

图 8.18　电路图课件效果

8.1.3　制作电路图课件

物理课件中经常需要使用电路图，使用 PowerPoint 的绘图功能可以绘制出漂亮实用的电路图。先来看看本实例的效果，如图 8.18 所示。

1. 绘制电路图基本框架

（1）新建一个空白演示文稿，设置为空白版式。在"设计"功能区设置幻灯片主题为"流畅"。创建一个艺术字标题。

（2）在幻灯片编辑区右击，在弹出的快捷菜单中选择"网格线和参考线"命令,弹出"网格线和参考线"对话框,将其中的复选项全部勾选,在"间距"文本框中输入 0.125,如图 8.19 所示。

🔖**专家点拨**:这里之所以设置网格线和参考线,让它们显示在编辑区,是为了更精确、更方便地绘制一些复杂的图形。

(3) 切换到"插入"功能区,单击"形状"按钮,在弹出的下拉列表中选择"直线",以编辑区上的网格线为参照,绘制电路图的基本框架线条,如图 8.20 所示。最后将所有线型都设置为 1.5 磅。

图 8.19 "网格线和参考线"对话框

2. 绘制电流表和电压表符号

(1) 在"插入"功能区单击"形状"按钮,在弹出的下拉列表中选择"椭圆",绘制一个半径为 1.5cm、填充色为白色的圆形。

(2) 创建一个包括文字 A 的文本框。将文本框拖动到圆形上并将它们组合在一起,表示电流表的符号。

(3) 将组合对象复制一份,并将文字 A 改为文字 V,表示电压表的符号。最后将这两个符号放置在电路图上的合适位置,如图 8.21 所示。

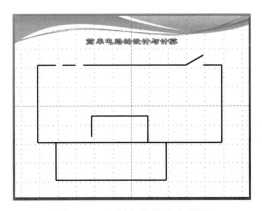

图 8.20 绘制电路图基本框架

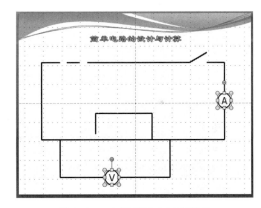

图 8.21 电流表和电压表符号

3. 绘制连接点图形符号

(1) 利用"椭圆"工具创建一个半径为 0.6cm、填充色为黑色的圆形。

(2) 复制 3 份,将其中的一个副本圆形的填充颜色设置为白色。然后将它们分别放置在电路图的合适位置,如图 8.22 所示。

4. 绘制电源图形符号

(1) 绘制一长一短两条线段,把左侧的短线段的线型设置得粗一些,然后将两条线段组合。

(2) 将组合对象复制一份,然后将它们放置在电路图的电源位置,并将中间的那条线段设置为虚线,如图 8.23 所示。

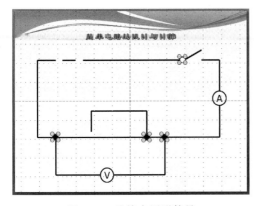 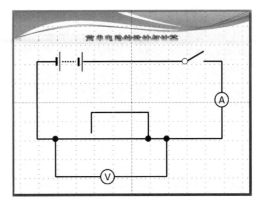

图 8.22　连接点图形符号　　　　图 8.23　电源符号

5. 创建其他元素

（1）绘制两个矩形作为电阻符号，然后创建几个文本对象。

（2）最后将工作区上的对象全部选中，组合在一起成为一个群组对象，如图 8.24 所示。

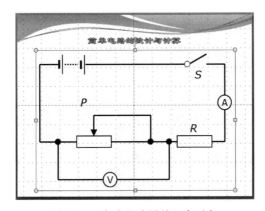

图 8.24　完成电路图并组合对象

视频讲解

8.1.4　制作图表课件

在制作课件时，使用一些图表可以让展示的数据直观明了，更具说服力。本节以一个图表课件为例，讲解如何在 PowerPoint 课件中添加图表。本实例完成以后的效果如图 8.25 和图 8.26 所示。

1. 插入图表

（1）新建一个空白演示文稿，设置为空白版式。在"设计"功能区设置幻灯片主题为"龙腾四海"。

（2）在"插入"功能区单击"图表"按钮 ，弹出"插入图表"对话框，如图 8.27 所示。这个对话框中有左、右两个窗格，左侧窗格中显示图表大类列表，右侧窗格中显示相应的图表外观。

（3）在左侧窗格中选择"柱形图"，在右侧窗格中选择"簇状圆柱图"，单击"确定"按钮，即可插入一个图表，同时会打开一个对应的"数据表"窗口，如图 8.28 所示。

第 8 章　PowerPoint 课件制作常见问题和技巧　　**135**

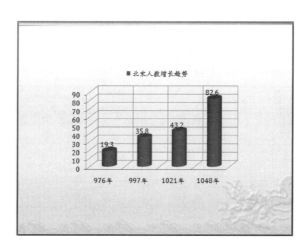

图 8.25　图表课件效果(1)

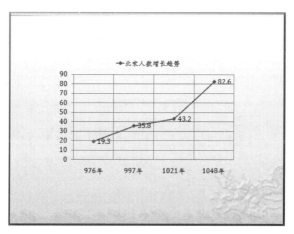

图 8.26　图表课件效果(2)

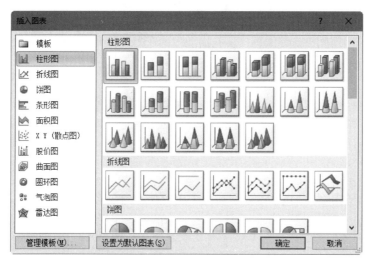

图 8.27　"插入图表"对话框

	A	B	C	D	E	F
1		系列 1	系列 2	系列 3		
2	类别 1	4.3	2.4	2		
3	类别 2	2.5	4.4	2		
4	类别 3	3.5	1.8	3		
5	类别 4	4.5	2.8	5		
6						
7						
8		若要调整图表数据区域的大小，请拖拽区域的右下角。				

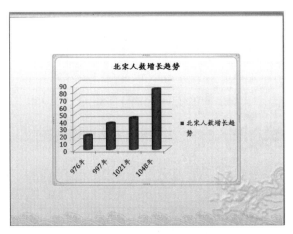

图 8.28　“数据表”窗口

2. 编辑数据表

(1) 在前两列单元格中输入相应的文本和数字,然后拖动蓝色区域框线使其包含当前数据区域,如图 8.29 所示。

	A	B	C	D	E
1		北宋人数增长趋势	系列 2	系列 3	
2	976年	19.3	2.4	2	
3	997年	35.8	4.4	2	
4	1021年	43.2	1.8	3	
5	1048年	82.6	2.8	5	
6					
7					
8		若要调整图表数据区域的大小，请拖拽区域的右下角。			
9					

图 8.29　编辑数据表

(2) 关闭“数据表”窗口,这时可以看到工作区中显示的图表,如图 8.30 所示。

图 8.30　创建的图表

3. 设置图表

图表创建好以后,将显示“图表工具”功能区,包括“设计”“布局”“格式”3 个选项卡,为了使图表更符合要求,可以利用这 3 个选项卡中的功能命令对图表进行编辑。

(1) 切换到“图表工具”功能区“设计”选项卡,在“图表布局”组中选择“布局 2”,如图 8.31 所示。

(2) 在如图 8.31 所示的“图表样式”组中可以选择一种图表样式。这里不做选择,保存默认设置。

第8章　PowerPoint课件制作常见问题和技巧

图8.31　选择图表布局

(3) 切换到"图表工具"功能区"布局"选项卡,在"标签"组中单击"图表标题"按钮,在弹出的下拉菜单中选择"无",这样就取消了图表标题。

(4) 在"坐标轴"组中单击"坐标轴"按钮,在弹出的下拉菜单中选择"主要纵坐标轴"→"显示默认坐标轴"命令;单击"网格线"按钮,在弹出的下拉菜单中分别选择"主要横网格线"→"主要网格线"命令和"主要纵网格线"→"主要网格线"命令。设置坐标轴后的图表效果如图8.32所示。

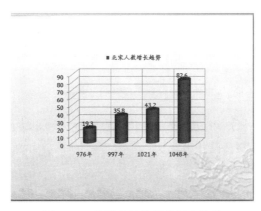

图8.32　设置坐标轴后的图表效果

4. 制作折线图

(1) 右击"大纲"窗格中的幻灯片缩略图,在弹出的快捷菜单中选择"复制幻灯片"命令,得到一张幻灯片副本。

(2) 在副本幻灯片的编辑区选中图表,切换到"图表工具"功能区"设计"选项卡,在"类型"组中单击"更改图表类型"按钮,弹出"更改图表类型"对话框,选择"模板"→"折线图"类型,然后选择"带数据标记的折线图",如图8.33所示。

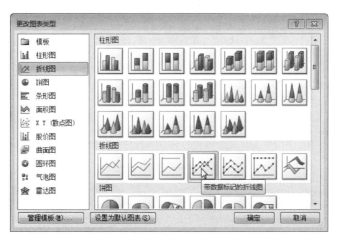

图8.33　"更改图表类型"对话框

（3）单击"确定"按钮，幻灯片编辑区的图表发生了改变，如图 8.34 所示。

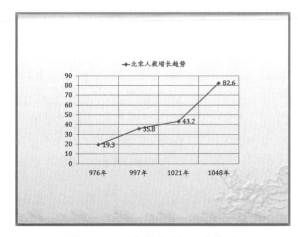

图 8.34　更改类型后的图表效果

8.1.5　制作知识结构图课件

在课件中使用知识结构图可以使展示的内容更具逻辑性，从属关系更直观，将这样的课件展示给学生，清晰明了，易懂易记。

1. 插入 SmartArt 图形

（1）新建一个空白演示文稿，设置为空白版式。在"插入"功能区中单击 SmartArt 按钮，弹出"选择 SmartArt 图形"对话框，在左侧窗格列表中选择"层次结构"，然后在中间窗格中选择第 1 个"组织结构图"，在右侧窗格中会显示组织结构图的预览画面以及文字说明，如图 8.35 所示。

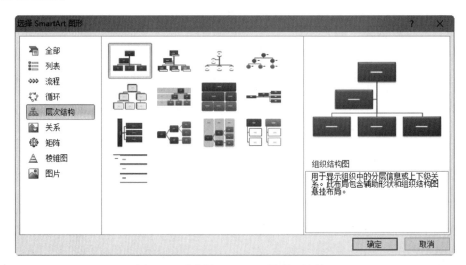

图 8.35　"选择 SmartArt 图形"对话框

专家点拨：SmartArt 图形是一种智能化的图形，是一种用户信息的视觉表达。使用 SmartArt 图形，能够快捷、直观地表现层级关系、附属关系、并列关系和循环关系等常见关系结构，同时能获得漂亮精美并且具有立体感和画面感的关系图形。在课件中使用 SmartArt 图形能够在获得很好的视觉效果同时有效地传达知识和信息。

（2）单击"确定"按钮，这样编辑区中就出现一个组织结构图，用时出现"组织结构图"工具栏，如图 8.36 所示。在文本框内可以输入相应的文字。

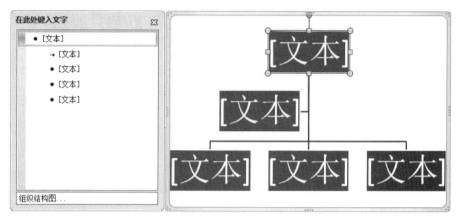

图 8.36　插入组织结构图

2. 编辑组织结构图

（1）单击第 2 行的形状，按 Delete 键删除；单击第 3 行的一个形状，按 Delete 键删除。

（2）在剩下的形状中输入相应的文字，如图 8.37 所示。

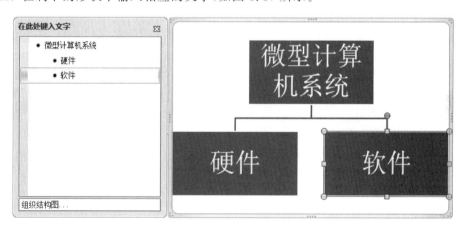

图 8.37　编辑文字

（3）单击文本内容为"硬件"的形状，在"SmartArt 工具"功能区的"设计"选项卡中单击"添加形状"按钮，在弹出的下拉列表中选择"在下方添加形状"，再重复执行一次这个操作步骤。这样就在"硬件"形状下面插入了两个"下属"形状，如图 8.38 所示。输入相应的文本，如图 8.39 所示。

专家点拨：单击"硬件"形状，在"SmartArt 工具"功能区"设计"选项卡中单击"布局"按钮，在弹出的下拉列表中可以设置"硬件"形状的"下属"形状的布局格式。这里采用的是"标准"布局格式。

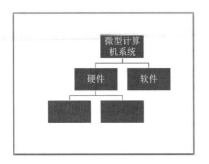
图 8.38 插入两个"下属"形状

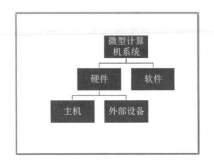
图 8.39 输入文本

（4）按照同样的方法，插入一些"下属"形状和"同事"形状，完成知识结构图的创建，如图 8.40 所示。

3. 设置知识结构图样式

知识结构图创建好以后，显示"SmartArt 工具"功能区，下面包括"设计"和"格式"两个选项卡，为了使图表更符合要求，可以利用这两个选项卡中的功能命令对图表进行编辑，最终效果如图 8.41 所示。

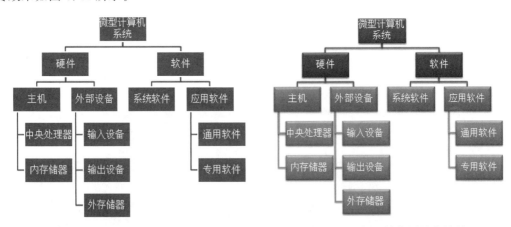

图 8.40 完善知识结构图　　　　　图 8.41 知识结构图最终效果

8.2　动画功能在课件中的应用实例

第 5 章介绍了 PowerPoint 动画功能的基本知识，利用动画功能可使幻灯片动起来。本节将通过两个典型课件实例的制作过程深入探讨 PowerPoint 动画功能在制作课件时的应用。

8.2.1　制作平抛运动课件

在高中物理的平抛运动教学中，需要演示从水平飞行的飞机中投掷炸弹的轨迹，以及多颗炸弹和飞机的位置关系。

下面就用 PowerPoint 动画模拟演示这个现象，先来看看本实例制作完成以后的效果，

视频讲解

如图 8.42 所示。

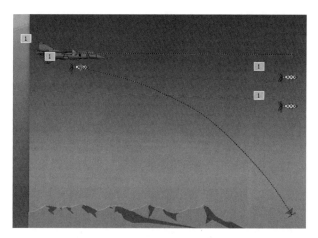

图 8.42　平抛运动课件效果

1. 创建飞机和炸弹图片对象

(1) 新建一个空白演示文稿,设置为空白版式。在"设计"功能区中为幻灯片设置一个蓝色线性渐变填充的背景颜色。

(2) 切换到"插入"功能区,单击"图片"按钮,弹出"插入图片"对话框,在其中查找到飞机素材图片和炸弹素材图片,如图 8.43 所示。单击"插入"按钮,将图片插入幻灯片。

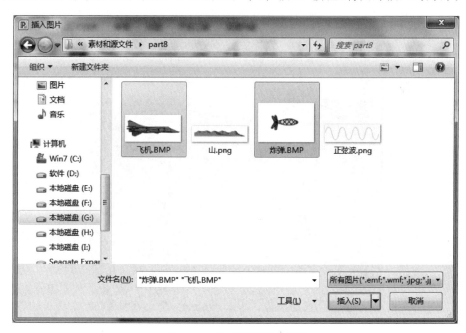

图 8.43　"插入图片"对话框

(3) 将飞机和炸弹图片插入幻灯片以后,可以看到它们都有一个白色背景,下面需要将背景去掉。选中飞机图片,在"图片工具"功能区"格式"选项卡中,单击"调整"组中的"删除背景"按钮,飞机图片上会出现一个调整框,适当进行调整,然后在幻灯片空白处单击,这样背景就消失了；同样再将炸弹图片的背景去掉。然后将它们放在合适的位置，如图 8.44 所示。

图 8.44　去除背景

专家点拨：如图 8.44 所示，放在飞机下方的炸弹为第 1 枚落下的炸弹，其他两枚炸弹在后面的步骤再放置。

2. 定义飞机水平匀速运动

（1）选中编辑区中的飞机图片，切换到"动画"功能区，单击"高级动画"组中的"添加动画"按钮，在弹出的下拉菜单中选择"其他动作路径"命令。在弹出的"添加动作路径"对话框中选择"向右"命令，单击"确定"按钮，则编辑区出现向右运动的路径，上面有一些控制符号，如图 8.45 所示。

图 8.45　向右运动路径

（2）单击最右红色箭头，箭头上出现一个白色小圆点，鼠标指针指向它时出现黑色双箭头标志，向右拖动将路径延伸，如图 8.46 所示。

专家点拨：向右延伸路径时，同时按下 Shift 键可以使路径水平延伸。

图 8.46　延伸路径

3. 定义炸弹平抛运动

（1）选中飞机下的第 1 枚炸弹，在"动画"功能区的"高级动画"组中单击"添加动画"按钮，在弹出的下拉菜单中选择"自定义路径"命令。单击"动画"组中的"效果选项"按钮，在弹出的下拉菜单中选择"曲线"命令，这时鼠标指针变为十字形，现在就可以从炸弹所处的位置开始绘制曲线了，参考效果如图 8.47 所示。

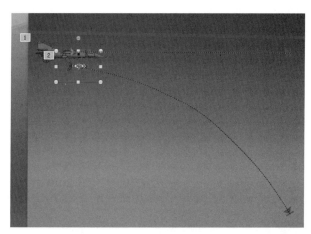

图 8.47　绘制曲线路径

专家点拨：炸弹在水平方向做匀速直线运动，在竖直方向做自由落体运动，其合成运动的轨迹是抛物线。因此，绘制的曲线路径应该是抛物线。

专家点拨：绘制过程中单击一次即可留下一个节点，线段可以以该点为中心任意弯曲，即可绘制出比较平滑的曲线。最后将曲线绘制到飞机动画终止位置的下方，双击就可以结束曲线的绘制了。

（2）如果绘制出来的曲线不够平滑，可以右击曲线，在弹出的快捷菜单中选择"编辑顶点"命令，曲线上就会出现许多小黑点（它们是绘制曲线时单击的位置），可以拖动某个点让曲线变得更加平滑，如图 8.48 所示。

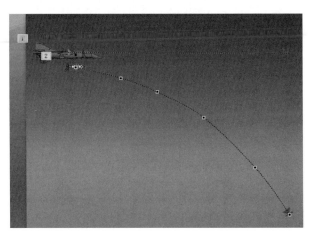

图 8.48　编辑曲线

(3) 经过上面的步骤,实现了第 1 枚炸弹沿抛物线运动的动画效果,但是这个动画是在飞机的动画效果播放以后,并且在单击后才开始播放(默认情况)。这明显不符合要求,这里需要任意时刻炸弹的位置均在飞机的下方,因此第 1 枚炸弹和飞机的起始运动时间应该相同。在"高级动画"组中单击"动画窗格"按钮,选择炸弹对应的动画,单击右侧的下三角按钮,从弹出的下拉菜单中选择"从上一项开始"选项,这样就实现了飞机在水平方向飞行,而炸弹在空中做抛物线运动的效果。

4. 定义其他两枚炸弹的出现

(1) 创建两幅炸弹图片,并放置在飞机终点位置下方,如图 8.49 所示。

图 8.49　在飞机终点放置两枚炸弹

专家点拨:如图 8.49 所示,在飞机终点放置两枚炸弹,是为了表现飞机投弹后炸弹在其下方排成一条直线的规律。

(2) 下面设置第 2 枚和第 3 枚炸弹的出现方式和时间。为简单起见,可以设置为飞机飞到终点位置时出现。按住 Ctrl 键将两枚炸弹同时选中,在"动画"功能区单击"动画"组中的"其他"按钮,打开动画效果列表,选择"进入"→"出现"效果。

(3)接下来设置动画出现的时间,在动画窗格中同时选择两颗炸弹对应的动画,在"动画"功能区的"计时"组中将"开始"设置为"上一动画之后",这样设置可以使飞机和第1枚炸弹到达终点时,第2和第3枚炸弹立刻在飞机下方出现。

(4)最后,再插入一幅山的素材图片,去除背景后放在幻灯片的左下角。

8.2.2 制作正弦波课件

在制作课件时,数学中的正弦函数图像、物理中的正弦波等,都需要一个模拟演示效果,利用路径动画可以轻松地制作出这样的演示效果。

1. 创建波形上的一个质点

(1)新建一个空白演示文稿,设置为空白版式。在"设计"功能区设置幻灯片主题为"流畅"。创建一个艺术字标题。

(2)切换到"插入"功能区,单击"形状"按钮,在弹出的下拉列表中选择"椭圆",在编辑区绘制一个椭圆。

(3)右击这个椭圆,在弹出的快捷菜单中选择"大小和位置"命令,弹出"设置形状格式"对话框,在左侧窗格中单击"大小"选项,然后在右侧窗格中设置椭圆的"高度"和"宽度"都为0.2厘米,如图8.50所示。

图 8.50 "设置形状格式"对话框

(4)切换到"绘图工具"功能区"格式"选项卡,设置"形状填充"和"形状轮廓"的颜色为红色。这样就得到一个红色小圆点,它代表波形上的一个质点,如图8.51所示。将它放置在编辑区左边合适位置。

2. 定义正弦波动画效果

(1)选中红色小圆点,切换到"动画"功能区,选择"高级动画"工作组中的"添加动画"命令,在弹出的下拉菜单中选择"其他动作路径"命令,弹出"添加动作路径"对话框,在其中选择"正弦波",如图 8.52 所示。

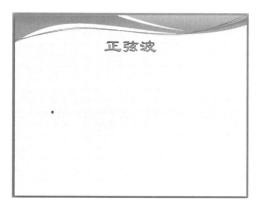

图 8.51　波形上的一个质点

图 8.52　"添加动作路径"对话框

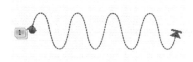

图 8.53　正弦曲线路径

（2）单击"确定"按钮,编辑区中就出现一个正弦曲线路径,如图 8.53 所示。

（3）为了可以更清楚地观察动画效果,在"计时"组中将"持续时间"设置为 5s。

（4）目前正弦曲线路径的尺寸太小,不符合要求,可以拖动它上面的控制点进行调整,直到满意为止,如图 8.54 所示。

（5）切换到"插入"功能区,单击"形状"按钮,在弹出的下拉列表中选择"箭头",在编辑区中画出坐标轴,并定位在合适的位置;然后再利用"直线"工具为正弦波画出上下边界,定位在合适的位置,并将它们调整为虚线形式,最终效果如图 8.55 所示。

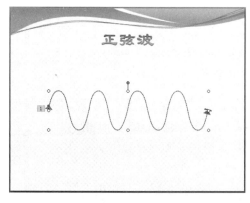

图 8.54　调整路径

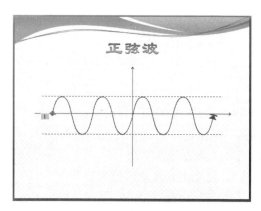

图 8.55　正弦波最终效果

专家点拨：经过上述步骤，正弦波动画基本制作完成，播放幻灯片，会发现正弦曲线轨迹消失了，如何才能出现一个相应的正弦曲线呢？如果再绘制一条一模一样的正弦曲线肯定很麻烦，也画不精确。解决办法是将幻灯片以100%显示，用截图软件将正弦曲线路径截取成图像文件，经过处理后再插入幻灯片并去掉背景，然后将这个一模一样的图形重叠放在动画路径上即可。

8.3　PowerPoint 课件制作高级应用

PowerPoint 制作课件最大的特点就是简单易学，能够快速地制作出多媒体课件，很适合工作繁忙的一线教师使用。但是，PowerPoint 容易掌握并不意味着它功能弱小，通过前面的学习可以发现，PowerPoint 是一款十分优秀的多媒体课件制作工具，功能强大。其实，如果深入研究，还可以挖掘出 PowerPoint 更多潜在的功能，制作出更优秀的多媒体课件。

8.3.1　用自定义按钮控制视频的播放

视频讲解

第6章讲解了如何利用 Windows Media Player 控件插入视频，这种方法简单实用，并且可以有效控制视频的播放，美中不足的是视频播放器外观千篇一律。下面介绍一种用自定义按钮控制视频的播放的方法。

1. 插入视频对象

（1）新建一个空白演示文稿，设置为空白版式。在"设计"功能区设置幻灯片主题为"市镇"。创建一个艺术字标题。

（2）切换到"插入"功能区，单击"媒体"组中的"视频"按钮，在弹出的下拉菜单中选择"文件中的视频"命令，弹出"插入视频文件"对话框，在其中查找到"画鹅.avi"文件，如图 8.56 所示。

图 8.56　"插入视频文件"对话框

(3) 单击"插入"按钮,可以在编辑区看到插入的视频对象。同时,会出现"视频工具"功能区,包括"格式"和"播放"播放两个选项卡。切换到"播放"选项卡,在"视频选项"组的"开始"下拉列表中选择"单击时",如图 8.57 所示。这样,在幻灯片放映时,当单击视频对象时才开始播放。

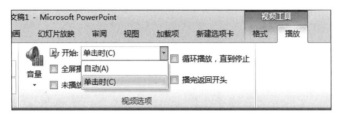

图 8.57 视频选项设置

(4) 视频对象的四周出现控制点,拖动控制点可以缩放视频对象。适当放大视频对象的尺寸并将它放置在合适的位置,如图 8.58 所示。

(5) 下面创建控制按钮。切换到"插入"功能区,单击"形状"按钮,在弹出的下拉列表中选择"矩形",在幻灯片编辑区绘制一个矩形。选中这个矩形,切换到"绘图工具"功能区的"格式"选项卡,在其中设置矩形的大小和外观。将这个矩形复制出两个副本,然后分别在 3 个矩形上输入"播放""暂停""画脚"文字。这样,就创建了 3 个控制按钮,如图 8.59 所示。

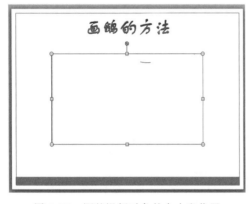

图 8.58 调整视频对象的大小和位置

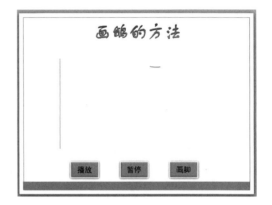

图 8.59 创建 3 个控制按钮

专家点拨:这里用"播放"按钮控制视频的播放,用"暂停"按钮控制视频暂停,用"画脚"按钮控制视频跳转到画脚时的视频片断进行播放。

2. 实现"播放"按钮的功能

(1) 选中编辑区中的视频对象,选择"动画"功能区"高级动画"组中的"添加动画"命令,在弹出的下拉菜单中选择"播放",这样在动画窗格中出现"播放"动画。

(2) 在动画窗格中双击动画标志 ,弹出"播放视频"对话框,在"效果"选项卡中选中"开始播放"选项组中的"从上一位置"单选按钮,如图 8.60 所示。

(3) 切换到"计时"选项卡,单击"触发器"按钮,然后单击"单击下列对象时启动效果"单选按钮,在右边的下拉列表中选择"矩形 7:播放"选项,其他参数项保持默认值,如图 8.61 所示。最后单击"确定"按钮。

图 8.60 "播放视频"对话框

图 8.61 设置"播放"按钮的触发器

3. 实现"暂停"按钮的功能

(1) 选中编辑区中的视频对象,单击"动画"功能区"高级动画"组中的"添加动画"按钮,在弹出的下拉菜单中选择"暂停",这样在动画窗格中出现"暂停"动画。

(2) 在动画窗格中双击动画标志 ,弹出"暂停视频"对话框,切换到"计时"选项卡,单击"触发器"按钮,然后单击"单击下列对象时启动效果"单选按钮,在右边的下拉列表中选择"矩形 8:暂停"选项,其他参数项保持默认值,如图 8.62 所示。最后单击"确定"按钮。

图 8.62 设置"暂停"按钮的触发器

专家点拨:在"暂停视频"对话框中,还可以在"效果"选项卡中设置暂停视频时的提示声音。

4. 实现"画脚"按钮的功能

(1) 选中编辑区中的视频对象,单击"动画"功能区"高级动画"组中的"添加动画"按钮,在弹出的下拉菜单中选择"播放"。在动画窗格中,又出现一个"播放"动画。

(2) 在动画窗格中,双击该动画标志 ,弹出"播放视频"对话框,切换到"效果"选项卡,单击"开始播放"选项组中的"开始时间"单选按钮,并输入时间 00:18 秒,如图 8.63 所示。

(3) 切换到"计时"选项卡,单击"触发器"按钮,然后单击"单击下列对象时启动效果"单选按钮,在右边的下拉列表中选择"矩形 9:画脚"选项,其他参数项保持默认值,最后单击"确定"按钮。

至此,本实例制作完毕,最终的动画窗格如图 8.64 所示。

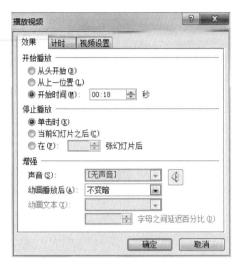

图 8.63 设置开始时间

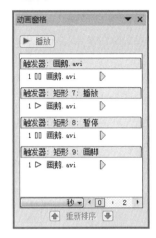

图 8.64 最终的动画窗格

8.3.2 利用动画触发器制作交互练习题课件

视频讲解

在众多的课件类型中,练习与测验类课件是比较重要的一种类型。练习与测验类课件的安排十分灵活,可以穿插在课堂的讲课过程中,在讲完一个知识点后,出一道相关的测验题,考查学生对知识点的掌握程度;也可以把练习与测验类课件作为一个独立的部分,制作成一个完整的课件,专门用作课堂和课后的练习。

练习与测验类课件最重要的特征是交互性,学生在答题时得到反馈信息,可以调动学生的积极性。下面利用 PowerPoint 的动画触发器技术制作一个交互练习题课件。

1. 创建练习题内容

(1) 新建一个空白演示文稿,设置为空白版式。在"设计"功能区设置幻灯片主题为"凤舞九天"。

(2) 为了简便起见,这里以一道单项选择题为例进行讲解。在幻灯片编辑区创建 5 个文本框,分别输入题目和备选答案,选择合适的字体并把它们排列整齐,如图 8.65 所示。

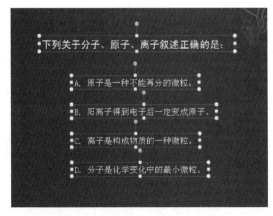

图 8.65 创建练习题内容文本框

专家点拨：如图 8.65 所示，创建了一道单项选择题的内容，4 个备选答案中只有第 3 个答案(C)是正确的，其他 3 个都是错误答案。下面要实现的课件功能是当单击某个答案时，将弹出一个反馈信息，提示答对了还是答错了。

专家点拨：这里必须创建 5 个独立的文本框，而不能把题目和答案混在一个文本框中，这是因为将来每个备选答案文本框都是一个独立的触发器对象。

(3) 切换到"插入"功能区，单击"形状"按钮，在弹出的下拉列表中选择"标注"→"圆角矩形标注"，然后在幻灯片编辑区创建一个标注图形，并在其中输入文字"回答错误！再想一想！"。调整标注图形的大小和文字格式，并把它放置在第 1 个备选答案附近。将这个标注图形复制两个副本，分别放置在第 2 个、第 4 个备选答案附近。用同样的方法，在第 3 个备选答案附近创建一个标注图形，输入文字"回答正确！祝贺你！"，最终效果如图 8.66 所示。

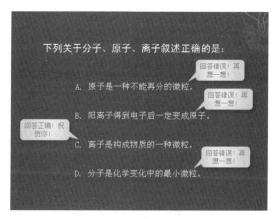

图 8.66　创建反馈信息标注框

专家点拨：这里创建的标注图形就是交互反馈信息。答题时，当单击某个备选答案时，会弹出答案附近相应的标注图形，提示答题者是答对了还是答错了。

2. 利用动画触发器实现答题反馈

(1) 选中第 1 个备选答案(A)旁边的标注图形，切换到"动画"功能区，在"动画"组中单击右侧的"其他"下三角按钮，在弹出的下拉菜单中选择"更多进入效果"命令，弹出"更多进入效果"对话框，在其中选择"百叶窗"效果，单击"确定"按钮。这样，第 1 个备选答案旁边的标注图形就具备了百叶窗效果的进入动画。

(2) 在动画窗格中，双击 [1 ★ 圆角矩形标注 6：回答错...▼] 动画标志，弹出"百叶窗"对话框，在"效果"选项卡中的"增强"选项组中，在"动画播放后"下拉列表中选择"播放动画后隐藏"选项，如图 8.67 所示。

(3) 在"计时"选项卡的"期间"下拉列表中选择"慢速(3 秒)"。单击"触发器"按钮，然后单击"单击下列对象时启动效果"单选按钮，在右边的下拉列表中选择"Text Box5：A. 原子是一种…"选项，其他参数项保持默认值，如图 8.68 所示。最后单击"确定"按钮。

(4) 按照同样的方法，再定义其他两个错误答案旁边的标注图形的触发器。

(5) 下面创建正确答案的触发器。选中第 3 个备选答案(C)旁边的标注图形，切换到"动画"功能区，在"动画"组中为其添加"菱形"进入动画效果。

图 8.67　设置动画播放后的效果

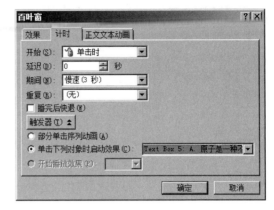

图 8.68　定义触发器

（6）在动画窗格中，双击 动画标志，弹出"菱形"对话框，切换到"效果"选项卡，在"增强"选项组中的"动画播放后"下拉列表中选择"不变暗"选项，如图 8.69 所示。

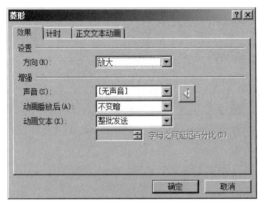

图 8.69　设置动画播放后不变暗

（7）切换到"计时"选项卡，设置"期间"为"中速（2秒）"。单击"触发器"按钮，然后单击"单击下列对象时启动效果"单选按钮，在右边的下拉列表中选择"Text Box7：C. 离子是构成…"选项，其他参数项保持默认值，最后单击"确定"按钮。

3. 完善放映效果

当放映幻灯片时，为了获得更好的课件效果，需要屏蔽一些放映功能，如单击时放映下一张幻灯片的功能、右键快捷菜单功能等。

（1）切换到"切换"功能区，将"计时"组中"换片方式"下面的两个复选框都取消选中状态，如图 8.70 所示。这样，播放幻灯片时，普通的单击就不能切换幻灯片了。

图 8.70　取消换片方式

（2）执行"文件"→"选项"菜单命令，弹出"PowerPoint 选项"对话框，在左侧窗格中选择"高级"，然后在右侧窗格的"幻灯片放映"栏中取消对"鼠标右键单击时显示菜单"和"显示快捷工具栏"两个复选项的勾选，如图 8.71 所示。

至此，本实例制作完成。

图 8.71 "PowerPoint 选项"对话框

8.3.3 利用 VBA 制作智能标准测验题课件

8.3.2 节制作了一个交互练习题课件,严格来说它不能算是真正的练习测验类课件,只是利用 PowerPoint 的动画触发器功能实现了练习题答案的简单反馈,这个反馈信息也是提前设置好的。

如果要制作真正具备智能的标准测验题课件,那么就要使用 PowerPoint 的编程技术了。具体来说就是要用 ActiveX 控件和 VBA(Visual Basic for Applications)编程技术。

ActiveX 控件是一种图形对象,可以使用它在 PowerPoint 演示文稿中控制一组预定义的事件。例如,命令按钮含有一个在用户单击按钮时发生的事件,该事件可能是打开一个浏览器或另一个程序。

ActiveX 控件包括复选框、文本框、列表框、选项按钮(单选按钮)、命令按钮和其他控件,可以用它们创建自定义窗口和对话框,甚至还可以用它们创建程序。

几种常用的 ActiveX 控件如表 8.1 所示。可以在"开发工具"功能区的"控件"组中找到这些常用的 ActiveX 控件,如图 8.72 所示。

表 8.1　常用的 ActiveX 控件

控件	名称	说明
☑	复选框	一个选项，选中即可将其打开或关闭。一次可选择多个复选框
abl	文本框	一个被框起来的用户可在其中输入或更改文本的区域
▤	列表框	包含一列预设项的框，用户可从这些项中进行选择
⊙	选项按钮 （单选按钮）	一个按钮，当用户从一组选项中选择一个时，即会选中相应的按钮。每次只能选择一个选项
▭	命令按钮	用户单击后可启动某个操作的按钮

图 8.72　"控件"组

VBA 是 Microsoft Visual Basic 的宏语言版本，用于编写 Windows 应用程序。可以将 ActiveX 控件插入幻灯片，然后用 VBA 编写程序控制这些 ActiveX 控件，从而实现需要的交互效果。

下面就利用 ActiveX 控件和 VBA 制作一个单项选择题智能课件。

1. 创建测验题目内容

（1）新建一个空白演示文稿，设置为空白版式。在"设计"功能区设置幻灯片主题为"跋涉"。插入一个"单项选择题"艺术字标题。

（2）插入 5 个横排文本框，在一个文本框中输入单选题题目，在另外 4 个文本框中分别输入 4 个备选答案，将其对齐并放置在合适的位置，如图 8.73 所示。

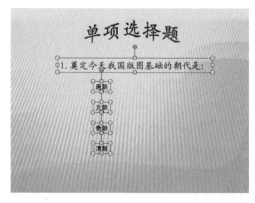

图 8.73　创建单选题

2. 创建选项按钮

（1）切换到"开发工具"功能区，单击选择"控件"组中的"选项按钮"控件按钮 ，这时鼠标指针变为十字形，在幻灯片编辑区拖动鼠标创建一个选项按钮。

（2）保持选项按钮的选中状态，单击"控件"组中的"属性"按钮，弹出"属性"对话框，在其中可以设置选项按钮的各种属性，这里主要设置 BackStyle、Caption、Font、Value 这 4 个属性，如图 8.74 所示。

BackStyle 属性确定选项按钮的背景样式，这里选择 0-fmBackStyleTransparent，可以使选项按钮背景透明。

Caption 属性确定选项按钮旁边的文字信息，这里设置为 A.。

Font 属性确定选项按钮旁边的文字格式，可以根据情况进行设置，使整体的文字内容协调。

Value 属性确定选项按钮是否为默认的选中状态，它有两个值，一个是 True（默认处于选中状态），另一个是 False（不是默认的选中状态）。这里将 Value 属性值设置为 False。

（3）将上面创建的选项按钮再复制 3 个副本，分别将这 3 个副本选项按钮的 Caption 属性值更改为 B.、C.、D.。接着将 4 个选项按钮对齐放置在相应的 4 个备选答案文字左边合适的位置，如图 8.75 所示。

图 8.74　设置选项按钮的属性

（4）为了便于下面的 VBA 编程，这里定义 4 个选项按钮对象的名称。选择第 1 个选项按钮，然后在"属性"对话框中的"（名称）"属性项后面的文本框中输入 But1，如图 8.76 所示。

图 8.75　创建 4 个选项按钮　　图 8.76　定义选项按钮对象的名称

按照同样的方法，定义其他 3 个选项按钮对象的名称分别为 But2、But3、But4。

3. 编写 VBA 程序

(1) 先编写正确答案对应的选项按钮的 VBA 程序。本实例的第 1 个备选答案是正确答案。双击这个备选答案前面的选项按钮,打开 Microsoft Visual Basic 窗口,在代码编辑窗口中找到以下代码。

```
Private Sub But1_Click()
End Sub
```

然后输入

```
If But1.Value = True Then ex = MsgBox("选择正确!恭喜你!", vbOKOnly)
```

程序如图 8.77 所示。

图 8.77 输入代码

(2) 接着编写错误答案对应的选项按钮的 VBA 程序。双击第 2 个备选答案前面的选项按钮,打开 Microsoft Visual Basic 窗口,在代码编辑窗口中找到以下代码。

```
Private Sub But2_Click()

End Sub
```

然后输入

```
If But2.Value = True Then ex = MsgBox("选择错误!请再想想!", vbOKOnly)
```

剩余的两个备选答案按照同样的方法进行设置,最终代码如图 8.78 所示。

图 8.78 最终代码

代码输入完成以后,关闭 Microsoft Visual Basic 窗口,返回到幻灯片编辑窗口。

4. 完善课件功能

(1) 切换到"开发工具"功能区,单击"控件"组中的"按钮"控件 ,这时鼠标指针变为十字形,在幻灯片编辑区拖动鼠标创建一个合适大小的按钮。

(2) 保持按钮的选中状态,单击"控件"组中的"属性"按钮,弹出"属性"对话框,将 Caption 属性值设置为"重新选择"。

(3) 复制这个按钮对象,更改它的 Caption 属性值为"下一题"。将这两个按钮对齐放置在幻灯片编辑区右下角的合适位置,如图 8.79 所示。

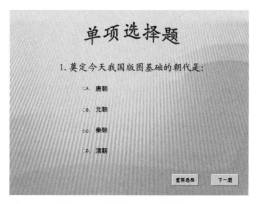

图 8.79　创建两个控制按钮

(4) 下面编写"重新选择"按钮的 VBA 程序。双击"重新选择"按钮,在打开的代码编辑窗口中的 Private Sub CommandButton1_Click()和 End Sub 代码间输入

```
But1.Value = False
But2.Value = False
But3.Value = False
But4.Value = False
```

(5) 下面编写"下一题"按钮的 VBA 程序。双击"下一题"按钮,在打开的代码编辑窗口中的 Private Sub CommandButton2_Click()和 End Sub 代码间输入

```
If MsgBox("是否继续", vbYesNo + vbQuestion, "下一题") = vbYes Then
With SlideShowWindows(1).View.GotoSlide 2
End With
End If
```

以上程序代码中的 With SlideShowWindows(1).View.GotoSlide2 语句实现跳转到第 2 张幻灯片。第 2 张幻灯片就是第 2 题,可以按照第 1 张幻灯片的制作方法制作第 2 张幻灯片。

如果要根据条件的不同跳转到不同的幻灯片,可用以下语句实现。

```
if 条件 then
With SlideShowWindows(1).View.GotoSlide 2
End With
End if
```

这里的条件可以是 Caption 属性或 Value 属性，书写方法为：控件名称（在 VBA 中的名称）.属性＝属性值（Value 属性值为 True 或 False，Caption 属性值为具体文本，注意文本要加双引号）。

例如，下面的语句表示如果 optionbutton1 选项按钮的 Value 值为 True，那么运行 then 后的语句，一直到 end if。

```
if optionbutton1.Value = True then
```

第9章 PowerPoint课件综合实例

在前面的章节中,全面介绍了PowerPoint制作课件的基础知识。在制作课件之前必须先考虑课件在课堂上的作用是什么,使用目的是什么,每个环节的操作要达到什么样的演示效果与课堂效果。本着课件服务于课堂教学的原则,本章安排了5个学科实例,力求把握学科特点,突出课件的实用性、工具性和美观性。

本章主要内容:
- 小学数学教学实例——买书
- 初中英语教学实例——Bill Gates
- 初中数学教学实例——相似三角形的性质
- 中学化学教学实例——分子和原子(复习课)
- 中学物理教学实例——牛顿第一定律

9.1 小学数学教学实例——买书

视频讲解

9.1.1 教学思路

(1)兴趣是最好的老师。本课通过多媒体课件,创设"买书"这一真实有趣的生活情境,激发学生的学习兴趣,让学生积极主动地投入数学学习中,进一步体会数学就在生活中的道理。

(2)在教学过程中,教师首先要摆正自己的角色,给予学生充分的学习主动权。让学生认真观察,发现信息;选择信息,提出问题;与他人交流,进一步体会算法多样化;通过交流,学会倾听,学会表达,学会优化解决问题的策略,从而培养学生数学思考的能力。

(3)最后利用数学知识解决实际问题,使学生进一步体会学习数学的重要性,将数学课与生活紧密地联系在一起。

9.1.2 脚本设计

1. 教学目标

教学目标如表9.1所示。

表 9.1 教学目标(买书)

课件题目	买 书
教学目标	1. 探索并掌握两位数加一位数进位加法的计算方法,进一步体会计算方法的多样化 2. 感受数的计算与生活的密切联系,进一步体会加法的意义 3. 通过自主探究、合作交流,培养学生的综合学习能力
创作平台	PowerPoint 2010
创作思路	本课中,教师先用课件结合导言创设有趣的"买书"活动情境,让学生在轻松愉快的氛围中发现问题,解决问题,然后再与他人交流各自的算法,进一步体会算法多样化;然后选择适当的算法解决实际问题,进一步体会数学来源于生活,服务于生活
内容简介	这课是义务教育课程标准实验教科书(北师大版)《数学》一年级下册第五单元"加与减(二)"中的"买书",学习内容是两位数加一位数的进位加法。本课件共包含 9 张幻灯片,除封面、封底、导航页外,还有 3 张新授课幻灯片,两张练习题幻灯片,最后是生活实际问题幻灯片。整个课件力求做到细致、精美,实用三者统一,使之真正服务于课堂教学

2. 课件整体结构图

根据本课件实例的具体情况,设计课件整体结构图,如图 9.1 所示。

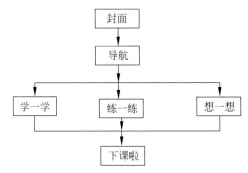

图 9.1 课件整体结构图(买书)

3. 脚本卡片

课件脚本卡片如表 9.2 所示。

表 9.2 脚本卡片的编写(共 9 张)

页面序号	1	页面内容简要说明	课件的封面
屏幕显示			小学课程标准实验教科书　　一年级下册 买书　　书店背景图 作者信息
说明			1. "买书"两字为艺术字 2. 插入图片"书店.jpg" 3. 标题"买书"出现时加入动画与声音效果

续表

页面序号	2	页面内容简要说明	导航页面
屏幕显示			学一学　　　　　　　　　　背景边框图片 练一练 想一想　　　　　　　　　　机灵狗图片 下课啦
说明			1. 左侧4个导航项,均插入水平文本框后输入文字 2. 每个文本框分别链接到相应的幻灯片
页面序号	3~5	页面内容简要说明	"学一学"页面
屏幕显示			看一看算一算　　书架及相关数学信息 机灵狗图片　　　　返回
说明			1. "看一看算一算"是竖直文本框,加下画线及阴影效果,"书架"图形在PowerPoint中绘制 2. 幻灯片3~5的不同之处只在于数学信息的不同 3. "返回"为按钮,出现在幻灯片5中,用于超链接到第2张幻灯片
页面序号	6	页面内容简要说明	"练一练"页面
屏幕显示			练一练 原来有多少个松果?　　　　我已经吃了7个 松鼠松果图　　　　　　　　还剩25个
说明			1. "练一练"及"原来有多少个松果?"为艺术字 2. 相关数学信息可插入椭圆形标注或文本框
页面序号	7	页面内容简要说明	练习部分
屏幕显示			练一练　原来有多少个松果? 　　　　你出生时我29岁　　　　我今年3岁 大象图　　　　　　　　列式填充　　　　返回
说明			1. "列式填充"主要运用图形及在文本上添加文本的形式 2. "返回"为按钮,超链接到第2张幻灯片

续表

页面序号	8	页面内容简要说明	"想一想"页面
屏幕显示			姐姐来出题 健力宝相关图片　　　姐姐图片　题目　返回
说明			1. "姐姐来出题"为艺术字 2. "返回"为按钮,超链接到第2张幻灯片
页面序号	9	页面内容简要说明	课件的封底
屏幕显示			小朋友再见! 背景图片
说明			1. 插入背景音乐 2. "小朋友再见"为艺术字,设置出现与退出的动画及声音效果 3. 插入课件作者信息,设置出现效果

9.1.3 实战制作

1. 创建 PowerPoint 文档

(1) 启动 PowerPoint 2010,新建一个空白演示文稿,设置为空白版式。将演示文稿保存为"买书.pptx"。

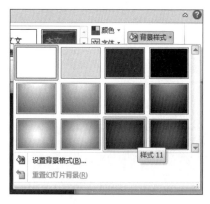

图 9.2 设置幻灯片背景

(2) 为了更好地显示工作区的内容,可以先把整个课件的背景都设为蓝色渐变色,在制作课件时再根据实际情况进行调整。

在"设计"功能区单击"背景样式"按钮,在弹出的下拉列表中选择"样式 11",如图 9.2 所示。

2. 制作封面

(1) 切换到"插入"功能区,单击"图像"组中的"图片"按钮,弹出"插入图片"对话框,查找到要导入的背景图片"书店.jpg",然后单击"插入"按钮,将图片插入幻灯片。调整图片大小,使图片布满整个编辑区。

(2) 单击"文本"组中的"文本框"按钮,在编辑区左上位置单击,出现一个文本框与闪动的光标,输入"小学课程标准实验教科书 一年级下册"几个字,设置字体为楷体_GB2312,字号为 28,粗体,颜色为黑色。

用同样的方法在编辑区右下位置输入授课教师的简单情况。此处选择幼圆体,黑色。

(3) 单击"文本"组中的"艺术字"按钮,在弹出的下拉列表中选择一种艺术字样式。在文本框中输入"买书"两个字,然后设置字体为隶书,字号为 96。

专家点拨:由于背景图片的存在,艺术字之间的距离与位置会使整个画面受到影响。在这种情况下,也可以只输入一个字"买",单击"确定"按钮后,复制艺术字,双击复制好的艺术字,可对艺术字进行编辑。在副本文本框中输入"书",确定好位置后将两个字对齐并组合。这样也为下一步自定义动画打下基础。

(4) 下面制作封面幻灯片中元素的动画效果。这张幻灯片要达到的效果是在封面显示课件信息后,单击,文字消失,只留下图片(即机灵狗来到希望书店),从而完成新课的导入过程。动画设置方法如下。

① 标题进入动画。

选中编辑区中"买书"艺术字,切换到"动画"功能区,单击"高级动画"组中的"添加效果"按钮,在弹出的下拉列表中选择"轮子"进入方式,单击"确定"按钮。

单击"高级动画"组中的"动画窗格"按钮,打开动画窗格,在其中,单击"矩形 8"后的倒三角按钮,在弹出的下拉列表中选择"从上一项之后开始",如图 9.3 所示。这样,在放映幻灯片时,随着幻灯片的打开,就会出现文字的进入效果。

② 标题出现时的声音效果。

在动画窗格中,单击"矩形 8"后的倒三角按钮,在弹出的下拉列表中选择"效果选项"命令。在弹出的"轮子"对话框中,选择"声音"下拉列表中的"照相机"效果,如图 9.4 所示。

图 9.3 "标题"进入动画设置

图 9.4 设置声音效果

现在,可以放映幻灯片测试标题动画效果了,如果不满意,还可以自行设置其他文字进入方式。

专家点拨:课件的名称是封面的主要内容,一定要醒目,位于屏幕正中偏上,文字要多采用插入艺术字、黑体或加阴影,常设计成有一定的动画效果。

③ 标题退出动画。

标题进入后，单击，进入导课的幻灯片，因此还需要设置标题与其他文字信息的退出效果。

选中编辑区中的"买书"艺术字，在"动画"功能区的"高级动画"组中单击"添加效果"按钮，在弹出的下拉列表中选择"更多退出效果"，在弹出的"添加退出效果"对话框中选择"基本型"→"向外融解"。然后在动画窗格中单击该动画后的倒三角按钮，在弹出的下拉列表中选择"单击开始"。

④ 其他文字信息退出。

按住 Shift 键，同时选中最上与最下的文字，右击，在弹出的快捷菜单中选择"组合"→"组合"命令，组合文字对象。

选中组合图形，设置动画效果，这里仍选择"向外溶解"的退出效果。不同的是在动画窗格中，在该动画下拉列表中选择了"从上一项开始"，也就是与上一动画同时进行，这样就实现了所有文字信息同时消失的效果。

3. 制作导航页

1) 制作导航背景

这里用一张动物边框图片"导航.jpg"作为导航界面的背景，让整个画面亲切而可爱。新建一张空白版式的幻灯片。在"设计"功能区，单击"背景"组中的"背景样式"按钮，在弹出的下拉菜单中选择"设置背景格式"命令，弹出"设置背景格式"对话框，单击"图片或纹理填充"单选按钮，然后单击"文件"按钮，在弹出的"插入图片"对话框中选择背景图片"导航.jpg"，单击"插入"按钮返回"设置背景格式"对话框，如图 9.5 所示。单击"关闭"按钮，导航背景就设置好了。

图 9.5 "设置背景格式"对话框

专家点拨：如果单击"全部应用"按钮，这幅图就成为所有幻灯片的背景了；如果单击"关闭"按钮,只作为当前幻灯片的背景。

2) 制作导航文字

(1) 输入文字。

在幻灯片编辑区插入一个横排文本框,设置文字格式,字体为楷体_GB2312,字号为28,居中,颜色为黑色,输入"学一学"几个字。

复制3个相同的文本框,分别把其中的文字改为"练一练""想一想""下课啦"。

(2) 对齐文本。

按住Shift键,同时选中4个文本框对象,在"开始"功能区的"绘图"组中单击"排列"按钮,在弹出的下拉菜单中选择"对齐"命令,然后分别选择"左右居中""上下居中"和"纵向分布"命令,就可以看到4个文本对象已经整齐排列,然后把它们拖放到恰当的位置。

专家点拨:由于课件刚刚开始制作,还不能完成幻灯片间的超链接,等课件大体制作完后再设置对象的超链接,完成导航的作用。

3) 导入"机灵狗"图片

切换到"插入"功能区,单击"图片"按钮,弹出"插入图片"对话框,将"机灵狗.png"图片导入编辑区,拖放到恰当位置,导航页的最终效果如图9.6所示。

图9.6 导航页的最终效果

专家点拨:本课件实例中的图片素材大多都是PNG格式的,这种格式有一些JPG、GIF文件格式所不具备的特性。在本实例中,主要运用了PNG文件支持透明背景的性质。

4. 新授课页面的制作

1) 绘制书架

(1) 制作矩形底板。

插入一张新幻灯片,选择空白版式。切换到"插入"功能区,单击"形状"按钮,在弹出的下拉列表中选择"矩形"形状,在编辑区绘制一个矩形,右击该矩形,在弹出的快捷菜单中选择"设置形状格式"命令,弹出"设置形状格式"对话框,设置"线条颜色"为"无线条"。设置"填充"为"图片或纹理填充",然后单击"纹理"按钮,在下拉列表中选择"栎木"底纹,如图9.7所示。

(2) 绘制立体隔板。

在"插入"功能区中单击"形状"按钮,在弹出的下拉列表中选择"立方体"形状,在编辑区绘制一个立方体,如图 9.8 中 1 号立方体所示。

图 9.7 纹理填充

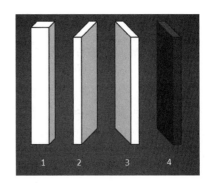

图 9.8 变形翻转立方体

拖动立方体上的黄色菱形控制点,将立方体调整为如图 9.8 中 2 号立方体所示形状。切换到"格式"功能区,在"排列"组中单击"旋转"按钮,在弹出的下拉菜单中选择"水平翻转"命令,结果如图 9.8 中 3 号立方体所示。右击对象,在弹出的菜单中选择"设置形状格式"命令,将立方体填充色修改为"土黄色",如图 9.8 中 4 号立方体所示。

(3) 制成书架。

连续复制 3 个土黄色立方体,进行缩放与翻转,并与矩形底板结合,制成书架,如图 9.9 所示。

图 9.9 书架最终效果

专家点拨:在放置立方隔板时,为了达到正确的透视效果,右击对象,在弹出的快捷菜单中根据实际情况选择"置于顶层""置于底层""上移一层""下移一层"命令。完成后可根据需要将图形组合。

2) 插入图书图片

分别将"汪汪.png""海底.png""淘气.png""咪咪.png"外部图片插入编辑区,并进行缩放,放置在相应位置,且在相应位置输入图书信息,最终效果如图 9.10 所示。

3) 制作阴影字

插入一个垂直文本框,设置文字格式,字体为隶书,字号为 36,颜色为黄色,输入"看一看算一算"6 个字。然后设置文字的下画线和阴影效果,如图 9.11 所示。

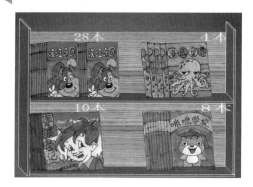

图9.10　导入后图书的位置及相关信息

图9.11　文字效果

4) 显示问题并设置自定义动画

将"汪汪.png"、"海底.png"图片插入编辑区下端,并输入相应文字。然后将图片与文字组合,在"动画"功能区的"高级动画"组中单击"添加动画"按钮,在弹出的下拉列表中选择"更多进入效果",弹出"添加进入效果"对话框,在其中选择"菱形"进入效果,如图9.12所示。设置进入时声音效果为cashreg.wav。导入"机灵狗"图片,翻转对象后放在左下角。

5) 复制幻灯片并修改内容

(1) 复制幻灯片。

在幻灯片视图中右击第3张幻灯片,在弹出的快捷菜单中选择"复制幻灯片"命令,连续执行两次,另外复制出两张同样的幻灯片。

(2) 编辑幻灯片4的内容。

选中幻灯片4下端的组合对象,右击,在打开的快捷菜单中选择"组合"→"取消组合"命令,删除"海底.png"

图9.12　设置问题的"进入"效果

图片,然后插入"咪咪.png"图片到其位置,将图文组合,将组合对象设置为同幻灯片3一样的"进入"效果。

(3) 编辑幻灯片5的内容。

选中幻灯片5,删除组合对象与各种图书的本数,使用"矩形"工具在编辑区拖出一个小矩形,设置其填充色为白色,线条色为黑色,如图9.13所示。右击图形,在弹出的快捷菜单中选择"编辑文字"命令,在矩形上添加"每本9元"文本,再复制3个图形,分别修改文本,效果如图9.14所示。

专家点拨:这样就创建了一个模拟自选商场的情景,让学生可以根据自己的钱数与喜好自由买书。

5. 习题页面的制作

1) 制作第1个习题页面

(1) 插入标题艺术字与图片。

插入一张新幻灯片,分别插入"练一练""原来有多少颗松果?"两组艺术字,放置在适当

图9.13 设置形状格式

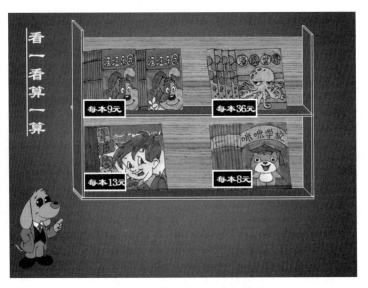

图9.14 创建买书自选商场情景

位置,然后插入"松鼠.png"图片。

(2) 插入图形。

在"插入"功能区单击"形状"按钮,在弹出的下拉列表中选择"椭圆形"标注,在编辑区拖放一个标注图形。选中对象,拖动黄色控制点调整标注的指向。

右击对象,在弹出的快捷菜单中选择"编辑文字"命令,设置文字格式,输入"我已经吃了7个"。

在"插入"功能区单击"形状"按钮,在弹出的下拉列表中选择"矩形",在编辑区绘制一个矩形。设置图形格式,线条颜色为黑色,填充色为白色,在图形上添加文本"还剩25个",调整各对象的位置。

2）制作其他两个习题页面

先插入"练一练""象妈妈今年多少岁？"艺术字，然后插入"象.png"图片，添加两个"云形"标注及其文本，并拖动到适当位置，最后再绘制正方形和圆，制作出页面下端的算式。设置幻灯片背景为绿白渐变，如图 9.15 所示。

制作第 8 张幻灯片，方法和前面类似，这里不再赘述。

图 9.15　第 2 个习题页面效果

6. 按钮及超链接

到目前为止，制作了 8 张幻灯片，课件的主体部分已经完成。接下来完成课件导航功能。

1）设置导航页（第 2 张幻灯片）的超链接

在默认状态下，给文本对象添加超链接会改变字色，也会自动加下画线，为了界面的美观，这里为文本框设置动作。选择第 2 张幻灯片，选中"学一学"文本框，切换到"插入"功能区，在"链接"组中单击"动作"按钮，弹出"动作设置"对话框，选中"超链接到"单选按钮，下拉列表框里选择"幻灯片…"选项，如图 9.16 所示。

单击"确定"按钮，在弹出的"超链接到幻灯片"对话框中选择"幻灯片 3"，单击"确定"按钮，如图 9.17 所示。

图 9.16　设置"学一学"文本框的超链接

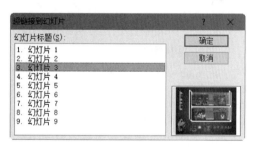

图 9.17　链接到幻灯片 3

用同样的方法设置将"练一练"文本框超链接到幻灯片 6；将"想一想"文本框链接到幻灯片 8；将"下课啦"文本框链接到幻灯片 9（幻灯片 9 是"封底"，可以先插入一张新幻灯片完成链接）。

2）添加设置跳转按钮

放映幻灯片观看一下整体效果，导航页面的超链接虽然能够完成页面的跳转，但跳转后就不能回到导航页了，这就需要在第 5、7、8 张幻灯片上分别放置一个按钮，将它们超链接到第 2 张幻灯片。下面就来实现这个效果。

(1) 添加按钮。

选择幻灯片 5,在"插入"功能区单击"形状"按钮,在弹出的下拉列表中的"动作按钮"选项组中选择"开始"动作按钮,在编辑区拖动创建一个动作按钮,在弹出的"动作设置"对话框中设置超链接到幻灯片 2,单击"确定"按钮即可。

(2) 美化按钮。

选中动作按钮,切换到"格式"功能区,在"形状样式"列表框中选择一种样式,这里选择"强烈效果-橙色 强调颜色 6",这样就制作出一个立体效果的按钮。将按钮适当缩放,放置在恰当的位置。

(3) 复制按钮。

复制这个按钮到幻灯片 7、幻灯片 8,超链接命令也同时被复制。完成这一步,可以测试一下,查看是否实现了想要的效果。

(4) 改变按钮页的切换方式。

还有一个问题,那就是观看到第 5 张幻灯片时,单击按钮可以跳转到第 2 张幻灯片,但单击屏幕就会跳转到第 6 张幻灯片,这样,在上课时很容易造成误操作,如何解决这个问题呢?这就要巧妙运用幻灯片"切换"功能了。

一般常用的切换方式有两种,一种是"单击鼠标时",另一种是"设置自动换片时间",也就是一定的时间后自动播放幻灯片。在本课件中,为了使课件显得简洁,幻灯片的切换都采用默认的无切换效果,换片方式为"单击鼠标时"。如果不采用"单击鼠标时",也不采用"设置自动换片时间",那幻灯片是不是就无法放映了呢?下面来试试。

图 9.18　改变切换方式

选择幻灯片 5,在"切换"功能区"计时"组的"换片方式"选项区域中取消对"单击鼠标时"复选框的勾选,如图 9.18 所示。

现在再测试一下,是不是跳转自如了?

用同样的方法设置第 7 张和第 8 张幻灯片的切换方式。

专家点拨:此方法只在不设置自定义动画的页面上有效。如果页面中设置了自定义动画,将出现无法继续播放幻灯片的情况。

7. 封底的制作

封底一般用来介绍制作人员、致谢、出版单位、制作年月等,大多配上音乐以取得更好的效果。如果一页写不下,可以设计成上翻页形式。

本实例的封底页面首先以一幅"封底.jpg"图片作为背景,然后插入文本框,输入相关信息,再设置文字进入与退出的动画效果。大家可以自己试着做一做。注意动画的出现顺序(关键之处还在于动画开始时的"之间""之后"设置)。具体制作情况这里不再详述,请参看课件源文件。

视频讲解

9.2　初中英语教学实例——Bill Gates

9.2.1　教学思路

本课是一篇英语阅读文章,介绍了 Bill Gates(比尔·盖茨)的成长过程,包括他的出生年月、少年志向、兴趣爱好、创业奋斗经历、畅销书内容等。本课的设计紧扣信息技术与英语整合课程的特点,在教学上从传统的以教为中心转变为以学为中心的信息化教学设计。作为世界的财富巨人,学生对他的成长历程很感兴趣,这也大大提高了学生的积极性,通过多媒体课件的应用,使学生有更大的学习主动性。

9.2.2 脚本设计

1. 教学目标

教学目标如表9.3所示。

表 9.3 教学目标(Bill Gates)

课件题目	Bill Gates
教学目标	1. 学习和掌握本课的单词 2. 了解 Bill Gates 的成长过程 3. 通过学习,使学生在了解 Bill Gates 的成长过程的同时,树立自己的奋斗目标,并拥有为之付出努力的勇气
创作平台	PowerPoint 2010
创作思路	在这节课中,教师先用设问的方法导入课程教学,问题的内容是有关计算机的知识和世界上最富有的人及对他的相关认知,在这里提供了一些关于 Bill Gates 的生活图片。然后进入正式教学,带着问题读课文并用单词填空,检查学生的掌握情况;通过听语音朗读,增强学生听力的同时,掌握课文的内容。最后用填写信息卡片的形式检查学生对整篇文章的掌握情况
内容简介	本节课的教学内容是《英语》初二(下)第23单元第90课,是一篇阅读文章。本课件共包含16张幻灯片,除封面、导航、封底页外,有6张导入幻灯片、5张新课幻灯片、2张练习幻灯片。整个课件力求做到细致、精美、实用三者统一,使之真正服务于课堂教学

2. 课件整体结构

根据本课件实例的具体情况,设计课件整体结构图,如图9.19所示。

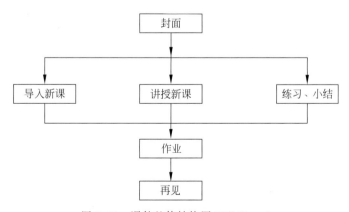

图 9.19 课件整体结构图(Bill Gates)

9.2.3 实战制作

1. 创建 PowerPoint 文档

1) 创建文档

启动 PowerPoint 2010，新建一个空白演示文稿，保持默认版式。将演示文稿保存为 English90.pptx。

🌹**专家点拨**：通过以上步骤创建的 PowerPoint 文档，"幻灯片版式"是默认版式效果，也就是"标题幻灯片"版式效果。

2) 设置背景图片

在"设计"功能区单击"背景样式"按钮，在弹出的下拉列表中选择"设置背景格式"命令，弹出"设置背景格式"对话框，单击"图片或纹理填充"单选按钮，然后单击"文件"按钮，在弹出的"插入图片"对话框中选择 pic237.jpg 背景图片，如图 9.20 所示。单击"插入"按钮返回"设置背景格式"对话框，如图 9.21 所示。

图 9.20 "插入图片"对话框

单击"全部应用"按钮，然后单击"关闭"按钮完成设置。这时可以看到，在编辑区的幻灯片背景已经相应改变，这样，整个课件的背景图就被设置为 pic237.jpg 图片。

2. 制作课件封面

1) 变换封面背景

选中第 1 张幻灯片，在"设计"功能区单击"背景样式"按钮，在弹出的下拉列表中选择"设置背景格式"命令，弹出"设置背景格式"对话框，单击"图片或纹理填充"单选按钮，然后单击"文件"按钮，在弹出的"插入图片"对话框中选择 pic291.jpg 背景图片，单击"关闭"按

第 9 章　PowerPoint 课件综合实例　**173**

图 9.21　"设置背景格式"对话框

钮,即可将封面的背景设置为 pic291 图片,而不影响其他页面的背景。

2) 插入艺术字标题

切换到"插入"功能区,单击"文本"组中的"艺术字"按钮,在弹出的下拉列表中选择艺术字样式,如图 9.22 所示。

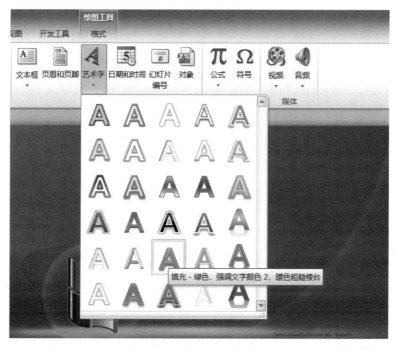

图 9.22　确定艺术字样式

在幻灯片编辑区单击,然后在"艺术字"文本框中输入文字 Bill Gates,设置字体为 Times New Roman,字号为 96,字形为"倾斜"和"加粗",如图 9.23 所示。

图 9.23 输入艺术字并设置样式

因为艺术字仍然不能满足要求,所以要进行进一步的调整。在"格式"功能区的"艺术字样式"组中设置艺术字的阴影和发光效果。

接下来调整艺术字的位置。细心的读者会发现,新建文档时,使用的是幻灯片的默认版式设置——标题幻灯片。现在可以参照主标题所在的文本框的位置,拖动标题艺术字,将其放在恰当的位置。

3) 插入课件制作者信息

单击副标题所在的文本框,输入有关课件制作者的相关信息,设置文本格式。可拖动文本对象将其位置向下、向右略作调整。最终效果如图 9.24 所示。

专家点拨:由于在标题文本框中并没有输入文字,而是插入了艺术字作为标题,在艺术字的调整过程中标题文本框起了位置参照物的作用。现在不用了,它反倒成了一个多余的内容,在标题文本框的边框上单击将其选中,按 Del 键将其删除即可。

图 9.24 文本效果

4) 设置自定义动画

选中 Bill Gates 艺术字,切换到"动画"功能区,在"动画"组的列表框中选择"浮入"动画效果。在"计时"组的"开始"下拉列表中选择"与上一动画同时","持续时间"设置为 03∶00。

在幻灯片中选择课件制作者文字信息,设置同样的动画效果,只是在"开始"下拉列表中选择"上一动画之后","持续时间"设置为 02∶00。此时的动画窗格如图 9.25 所示。

到此为止,封面幻灯片就制作完成了。

3. 制作导航页幻灯片内容

1) 插入幻灯片

新建一张空白版式的幻灯片,然后重新设置 pic193.jpg 图片作为该幻灯片的背景,这样可以使导航页的背景更有特色。

2) 制作第 1 个导航文本

插入一个横排文本框,在其中输入文字 Warming-up,选中文本,设置字体为 impact,颜色为浅蓝色。

图 9.25 动画窗格

3) 制作其他 3 个导航文本

在文本框的边缘单击将其选中,按 Ctrl+C 快捷键将文本框及其内容复制到剪贴板,连续按 3 次 Ctrl+V 快捷键,在幻灯片中会出现 3 个相同的文本框。将 3 个文本框中的文字分别修改为 Presentations、Practice 和 Quit。

4）对齐导航文本

分别拖动 3 个文本框到相应的位置，尤其注意最后一个文本框相对于原文本框的位置。在按住 Ctrl 键的同时，分别在 4 个文本框上单击，将它们全部选中，然后将 4 个文本框对齐并垂直分布均匀。

导航页的最终效果如图 9.26 所示。因为还没有设计其他页面，所以还不能对导航页的内容进行超链接设置。

4. 制作"导入新课"模块幻灯片

"导入新课"模块共使用了 6 张幻灯片，幻灯片的序号为 3～8，它们的设计方法基本相似。下面只对第 3 张幻灯片进行讲解。

1）更换幻灯片版式

新建一张幻灯片，幻灯片版式设置为"仅标题"，此时的幻灯片如图 9.27 所示。

图 9.26　导航页预览

图 9.27　更换幻灯片版式

2）输入标题

在标题文本框中单击，输入文字"Do you know who is the richest in the world?"。设置字体为 Times New Roman，字号为 40，颜色为红色，最后将文字设置为加粗和阴影效果。

3）插入图片

切换到"插入"功能区，单击"插图"组中的"图片"按钮，弹出"插入图片"对话框，查找到需要的图片并选中，单击"插入"按钮，将图片导入幻灯片。"插入图片"对话框如图 9.28 所示。

调整图片的大小和位置，使 4 幅图片交叉排列，最终效果如图 9.29 所示。

4）设置自定义动画

选中文本框，在"动画"功能区的"高级动画"组中单击"添加动画"按钮，在弹出的下拉列表中选择"进入"→"飞入"命令。

在"计时"组的"开始"列表中选择"单击时"，在"效果选项"下拉列表中选择"自左侧"方向，在"持续时间"下拉列表中选择"00.50 秒"。

双击动画标志 ，弹出"飞入"对话框，在"效果"选项卡"增强"选项区域的"声音"下拉列表中选择"风铃"，单击"确定"按钮，如图 9.30 所示。

按住 Ctrl 键的同时分别单击幻灯片中的 4 幅图片，将它们同时选中，在"高级动画"组中选择"添加动画"→"进入"→"淡出"动画效果，将图片的效果设为同时淡出出现，并将其出

图 9.28　选择多幅图片

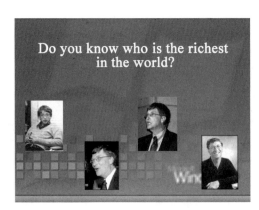

图 9.29　第 3 张幻灯片预览

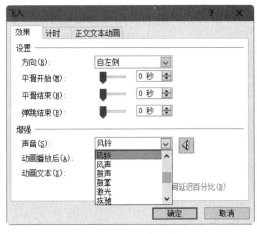

图 9.30　设置动画声音

现的速度设置为"中速(2 秒)",其他保持默认设置。

这样,第 3 张幻灯片就制作完成了。其他幻灯片的设计思路相似,读者可以根据提供的源文件进行操作练习。

5. 制作"讲授新课"模块幻灯片

"讲授新课"模块的内容主要是一些关于听读方面的操作,设计方法大体类似,这里只对其中的第 11 张幻灯片进行讲解。

1) 新建幻灯片并输入标题文字

新建一张"标题和文本"版式的幻灯片。单击标题文本框,输入文字"listen and write down the phrases:",设置字体为 Times New Roman,颜色为白色,字形为加粗,字号为 32。

将标题文本框拖到幻灯片的上方。

2) 输入其他文本信息

在用于输入的文本框中单击,输入几行文字,每行结束时可以按 Enter 键换行。一方面是因为文本框过大而文本内容较少,另一方面是因为如果文本过于集中会影响美观,在进行换行操作时,可以连按两次按 Enter 键,将文本间的距离适当拉大。因为每行文本都比较简短,所以可以将文本框的宽度适当缩小,而将高度适当增大,这可以通过单击对话框边缘,然后调整文本框四周的小圆圈来完成。

3) 设置自定义动画

由于在本幻灯片中的标题将在下面几张幻灯片中都使用到,所以不设置其动画形式。

选中下方的文本框,在"动画"功能区的"高级动画"组中单击"添加动画"按钮,在弹出的下拉列表框中选择"进入"→"飞入"命令,设置文本的动画效果为"飞入"。

双击动画窗格中关于文本框的动画标志,弹出"飞入"对话框,在"效果"选项卡"设置"选项区域的"方向"下拉列表中选择"自左侧";在"增强"选项区域的"动画文本"下拉列表中选择"整批发送",如图 9.31 所示。

切换到"计时"选项卡,在"开始"下拉列表中选择"单击时",在"期间"下拉列表中选择"非常快(0.5 秒)",如图 9.32 所示。

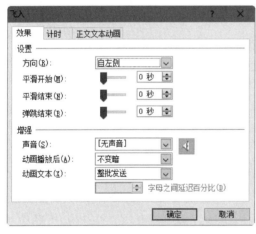
图 9.31 "效果"选项卡

图 9.32 "计时"选项卡

切换到"正文文本动画"选项卡,在"组合文本"下拉列表中选择"按第一级段落"。这样,在幻灯片的演示过程中,文本框中的每个段落文本都会按次序出现。

4) 插入声音文件

因为在这张幻灯片中要求学生听语音朗读,所以将在幻灯片中插入声音文件。切换到"插入"功能区,在"媒体剪辑"组中单击"声音"按钮,在弹出的下拉列表中选择"文件中的声音"命令,弹出"插入声音"对话框,查找到 l901.wav 声音文件并选中,如图 9.33 所示。

单击"插入"按钮,将其导入幻灯片,可以看到在幻灯片中出现了一个用于播放声音的小喇叭图标,如图 9.34 所示。

将图标拖动到幻灯片的右下角位置。这样在幻灯片播放时,只要单击"播放/暂停"按钮就可以播放声音了,再次单击"播放/暂停"按钮就停止声音的播放。还可以在喇叭图标的旁

图9.33 "插入声音"对话框

图9.34 播放声音图标

边添加一个文本框,在文本框中输入提示文本"整段语音"。

因为在幻灯片中共提出了5个问题,对于不同的学生,使用同样的方法显然是不合适的,所以这里将整段语音用声音编辑软件(如 GoldWave)分割成5段,每段与一个问题相对应(可以在教材提供的素材文件夹中找到这5个声音文件,文件名分别为 1-1.wav、1-2.wav、1-3.wav、1-4.wav 和 1-5.wav)。用同样的方法将这5个声音文件导入幻灯片,将小喇叭图标分别放置在对应语句的前面并对齐位置。

专家点拨:所有声音文件都是依次导入的,也就是说,每次只导入一个声音文件,之所以这样做,是因为声音文件在导入时除了声音标志以外,没有其他区分的办法,不容易对多个声音进行识别。

在幻灯片中只有文字和声音,整个画面显得比较单调,因此导入两幅图片作为点缀,这两幅图片的内容也与幻灯片中文字的内容息息相关。设置两幅图片的动画效果为"飞入",最终这张幻灯片的编辑区的情况如图9.35所示。

6. 制作导航页的超链接

1) 设置导航页的超链接

选择第2张幻灯片。在编辑区选中 Warming-up 文本框,切换到"插入"功能区,单击"超链接"按钮,弹出"编辑超链接"对话框,在"链接到"列表项中单击"本文档中的位置"选

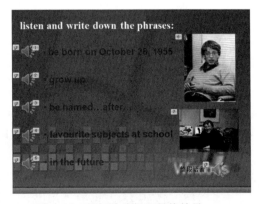

图9.35 幻灯片编辑区最终效果

项,在其右侧的列表框中选择第 3 张幻灯片,单击"确定"按钮,如图 9.36 所示。

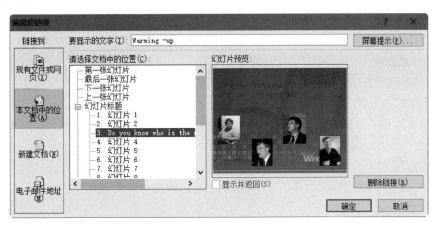

图 9.36　设置课件导航

用同样的方法设置其他 3 个文本框的超链接,分别链接到幻灯片 9、幻灯片 15、幻灯片 16。

2) 更改超级链接文本外观

在课件制作过程中,输入的文字一旦设置了超链接或动作,文字的颜色就变了,如果观看放映,还会发现访问过的链接变为另一种颜色。有时幻灯片背景颜色与超链接的颜色相同或相近,使超链接不易辨认;或者有时超链接的颜色与背景颜色不太协调,因此有必要改变超链接的颜色,设置成需要的效果。

在"设计"功能区的"主题"组中单击"颜色"按钮,在弹出的下拉列表中选择"新建主题颜色"命令,弹出"新建主题颜色"对话框。单击"超链接"后面的按钮打开调色板,选择一种深绿色;单击"已访问的超链接"后面的按钮打开调色板,选择一种红色,如图 9.37 所示。

图 9.37　更改超链接颜色

在"名称"文本框中输入一个主题颜色名称,然后单击"保持"按钮即可。

专家点拨:配色方案是指在没有经过特别设置的情况下,自动为幻灯片中的标题、文字、图表、背景等项目指定的一组颜色配置。

3)设置跳转按钮

接下来还需要在第 8、14、15 张幻灯片上分别放置一个按钮,将它们链接到第 2 张幻灯片,增强课件的交互性。

选择幻灯片 8,将 anniu.png 图片导入编辑区,置于适当位置,作为返回按钮。选中图片,切换到"插入"功能区,单击"超链接"按钮,弹出"编辑超链接"对话框,将它链接到幻灯片2,单击"确定"按钮。

复制这幅图片到幻灯片 14 和幻灯片 15 中,超链接命令也同时被复制。

7. 封底的制作

关于封底,可以根据自己的喜好插入艺术字或图片,也可以插入课件制作者、版权、出版单位等信息,这里就不再赘述。

视频讲解

9.3 初中数学教学实例——相似三角形的性质

9.3.1 教学思路

本节课的主要任务是理解并掌握相似三角形的判定定理 1。由于前面已经介绍了相似三角形的定义,故引导学生得出第 1 种方法——定义法。紧接着,在全等三角形的基础上,将相似三角形与全等三角形类比,提出问题:要判定两个三角形相似,至少需要几个条件?以此来激发学生兴趣,积极探索相似三角形的判定定理,教师加以补充强调,并安排 2~3 道例题。例 1 要求全体学生容易作答,直接运用定理 1;例 2 是文字题,加深学生对文字题型的理解与掌握,从而得出一个重要结论:直角三角形被斜边上的高所分成的两个三角形与原三角形相似;例 3 可作为选作题,发散学生思维。最后小结得到已有的 4 种方法,一目了然,达到及时巩固新知识的目的。

9.3.2 脚本设计

1. 教学目标

教学目标如表 9.4 所示。

表 9.4 教学目标(相似三角形的性质)

课 件 题 目	相似三角形的性质
教学目标	1. 理解并掌握相似三角形的判定定理 1,并能熟练运用 2. 了解并掌握三角形相似的 4 种判定方法 3. 通过合作交流、自主评价、改进学生的学习方式,提高学习质量,逐步形成正确的数学价值观
创作平台	PowerPoint 2010

续表

课件题目	相似三角形的性质
创作思路	本课件旨在服务于教学内容,共有复习、定理1、例题解析、课堂练习、小结5部分,课件力求符合学生的认知特点。通过课件使学生更好地经历"观察-探索-猜测-证明"的学习过程,体验科学发现的一般规律,同时提高几何的图形语言、符号语言和文字语言表达能力,并通过相似三角形的判定定理的探索过程,渗透类比、化归等数学思想
内容简介	本课是义务教育标准实验教科书数学初一年级(七年级)(下)中的"相似三角形的性质一",学习内容是相似三角形的判定定理1。本课件制作的知识点主要有PowerPoint模板变换使用、插入公式、图形的绘制等

2. 课件整体结构

根据本课件实例的具体情况,设计课件整体结构图,如图9.38所示。

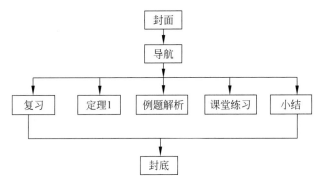

图9.38　课件整体结构(相似三角形的性质)

9.3.3　实战制作

1. 创建PowerPoint文档

启动PowerPoint 2010,新建一个空白演示文稿,设置为空白版式。切换到"设计"功能区,在"主题"列表框中选择"龙腾四海"。将演示文稿保存为"相似三角形的性质.pptx"。

2. 制作课件封面

封面幻灯片包括课件标题、装饰用三角形与其他课件信息。先来看看这张幻灯片的最终效果,如图9.39所示。

下面完成这张幻灯片的制作。

1) 绘制三角形

(1) 创建一个等腰三角形。

在"插入"功能区单击"形状"按钮,在弹出的下拉列表中选择"基本形状"→"等腰三角形",在编辑区拖出一个大小合适的等腰三角形。

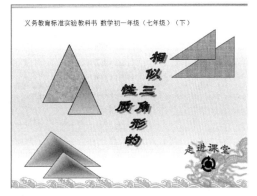

图9.39　课件封面效果

右击这个三角形,在弹出的快捷菜单中选择"设置形状格式"命令。弹出"设置形状格式"对话框,选择"填充"→"图片或纹理填充",单击"纹理"右侧的按钮,在弹出的下拉列表中选择"花束",如图9.40所示。

图9.40 设置纹理填充效果

(2) 添加其他三角形。

选中刚才绘制的等腰三角形,复制一个,然后选中复制的三角形,拖动顶端黄色的控制点,将其调整为一个锐角三角形,将"填充"设置为"渐变填充",如图9.41所示。

图9.41 设置渐变填充效果

在"插入"功能区单击"形状"按钮,在弹出的下拉列表中选择"基本形状"→"直角三角形",在编辑区拖出一个直角三角形。将填充效果设置为"纸莎草纸"纹理效果。

分别复制这几个三角形,将其进行缩放,并分别组合,最后摆放在适当的位置。

2)制作课件标题

将课件标题文字制作为艺术字效果,具体效果可以参考图9.39。关于这个艺术字标题的制作过程,这里不再详述,请参考前面的相关内容。下面定义这个艺术字标题的动画效果。

选中艺术字标题,在"动画"功能区的"高级动画"组中单击"添加动画"按钮,在弹出的下拉菜单中选择"进入"→"百叶窗"效果。设置开始方式为"上一动画之后",效果选项为"水平",持续时间为"5 秒"。

3)制作封面按钮

导入"按钮1.gif"图片,放置在编辑区右下角,插入艺术字"走进课堂",并对其进行格式设置,效果满意后把它放在按钮的上方。

在组合两个对象后,设置其"自定义动画"效果为"向内溶解",开始方式为"上一动画之后",持续时间为"3 秒"。

4)插入课件信息

插入一个横排文本框,设置文字格式,输入"义务教育标准实验教科书 数学初一年级(七年级)(下)"文字。最终效果参考图9.39。

3. 制作导航页幻灯片

1)插入课件副标题

插入一张空白版式的新幻灯片。插入艺术字"相似三角形的判定1",选中艺术字,在"格式"功能区"艺术字样式"组中的"文本填充"下拉列表中选择"渐变"→"其他渐变"命令,弹出"设置文本效果格式"对话框。在"文本填充"选项中单击"渐变填充"单选按钮,然后在"预设颜色"下拉列表中选择"彩虹出岫",在"方向"下拉列表中选择"线性向左",其他保持默认设置,如图9.42所示。

图9.42 设置艺术字的渐变填充效果

2）制作导航文字

插入一个横排文本框，设置文字格式，输入"复习"文字。复制 4 个文本框，将"复习"分别改为"学习定理 1""例题解析""课堂练习""小结"。对齐文本对象并将它们放在适当的位置。

将"小图标.gif"图片导入编辑区，复制 4 次，拖放到恰当位置并对齐。

图 9.43　导航页幻灯片效果

3）插入剪贴画

切换到"插入"功能区，单击"剪贴画"按钮，打开"剪贴画"任务窗格，在"结果类型"下拉列表中只勾选"插画"复选框，然后单击"搜索"按钮。从搜索结果中选择一个合适的剪贴画将其插入，这张幻灯片的最终效果如图 9.43 所示。

4. 复习页面的制作

复习页面共包含 3 张幻灯片，分别是幻灯片 3、幻灯片 4、幻灯片 5。在这 3 张幻灯片中，先绘制图形，然后输入每个页面的相关数学信息，最后设置动画。下面主要讲解插入特殊符号和公式的方法。

1）插入数学符号

这 3 个页面中的∠、≌、∽等符号，都通过插入符号完成制作。

插入一个横排文本框，先输入其他文字。然后把光标放在需要插入特殊符号的地方，切换到"插入"功能区，单击"符号"组中的"符号"按钮，弹出"符号"对话框，在"子集"下拉列表中选择"数学运算符"，选择∠符号，单击"确定"按钮，如图 9.44 所示。

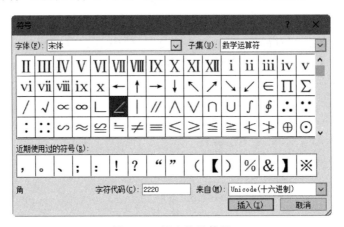

图 9.44　插入特殊符号

用同样的方法插入≌、∽等符号。

2）插入公式

在"插入"功能区中单击"公式"按钮，下拉列表框中有一些常用的公式可以选择，PowerPoint 2010 强大的公式功能基本覆盖了各种数学公式。单击"插入新公式"按钮，即出现"设计"选项卡。单击"结构"组中的"分数"按钮，即可找到需要的分式插入，如图 9.45 所示。

第 9 章　PowerPoint 课件综合实例　　185

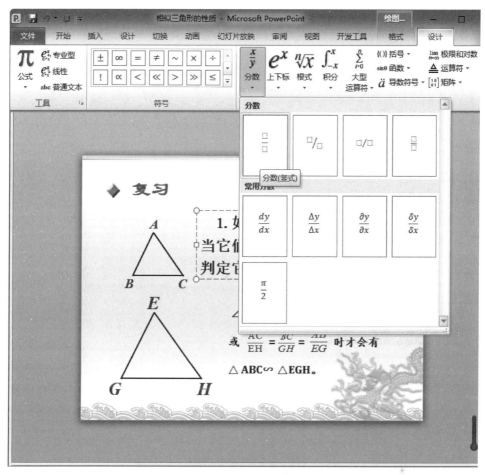

图 9.45　公式编辑器

输入分子 AC 和分母 EH 后，关闭"设计"选项卡，就可以看到分式已经在编辑区了。有关数学公式的详细创建方法请参看第 8 章的相关内容。

3) 设置自定义动画

针对初中学生的年龄特点与教学实际，自定义动画效果一般不需要太复杂。前两张幻灯片中动画设置都是先显示题目要求，再显示提示语。那么，只需要选中提示语句，设置它的动画效果为单击时出现就可以了。幻灯片 3 的公式和提示文字组合后再设置自定义动画。幻灯片 5 先输入题目，然后插入 6 个答案文本框，分别输入 5、SAS、ASA、AAS、SSS、HL，组合文本对象，再设置组合对象的出现效果。

5. 新授课页面的制作

新授课页面包括幻灯片 6～13。关于这几张幻灯片，主要谈谈灵活应用主题的方法、任意多边形工具的使用等问题。

1) 灵活应用主题

细心的读者会发现，幻灯片 1～5 使用的主题是"龙腾四海"，而幻灯片 6 和 7 使用的主题是"流畅"，幻灯片 8 使用的主题是"夏至"。这种效果的制作很简单，在这里以幻灯片 6 为例说明。

插入一张新幻灯片 6，切换到"设计"功能区，在"主题"列表框中右击"流畅"主题，在弹出的快捷菜单中选择"应用于选定幻灯片"命令，这样，所选主题就应用于第 6 张幻灯片了。

使用同样的方法给幻灯片 7、8、12、13、14 变换应用主题。在选定幻灯片变换应用主题后，还可以试着给主题变换背景，如幻灯片 13、14 中使用的就是"纹理"背景填充效果。

2）使用任意多边形工具制作直角标志

在幻灯片 10 中，有两个直角三角形的直角标志，这里利用"插入形状"功能绘制。

（1）确立图形起点。

在"插入"功能区中，单击"形状"按钮，在弹出的下拉列表中选择"线条"→"任意多边形"。在编辑区单击，即可确定图形起始点。

（2）绘制水平线并确定其终止点。

拖动鼠标，就可以以起点为端点绘制任意直线。拖动鼠标同时按住 Shift 键，可以作出水平线、垂直线或 45°线。这里作水平线，然后单击，确定水平线终止点。

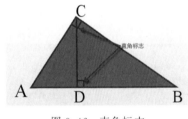

图 9.46　直角标志

（3）绘制垂直线。

在水平线终止处拖动鼠标，同时按住 Shift 键，绘制一条直线使它与水平线垂直，双击可结束绘制。

这样，一个直角标志就制作出来了，可以适当将其缩放及旋转，放置在三角形的直角处，效果如图 9.46 所示。

专家点拨：利用"任意多边形"工具可以随意作出各种不规则图形——封闭的或是不封闭的，直角标志也可以通过插入"特殊符号"的"数学符号"完成，不过效果不如此法。

3）制作五彩线条

在幻灯片 7 和幻灯片 8 中，有几条淡淡的彩色条纹，它们是用来装饰幻灯片的。在"插入"功能区中，单击"形状"按钮，在弹出的下拉列表中选择"矩形"，在编辑区拖出一个纵向的矩形，右击该形状，在弹出的快捷菜单中选择"设置形状格式"命令，弹出"设置形状格式"对话框，设置矩形的填充色为双色（红色与淡蓝色）的"渐变填充"。适当缩放后，将其放在适当位置。复制数条线条并进行相应的摆放。

6. 小结页面的制作

幻灯片 13 是小结页面，列举了判定三角形相似的方法，其中第 4 点是"直角三角形的一个重要结论"，需要一个专门的页面进行阐释，这就有了幻灯片 14。

设计好两张幻灯片的内容后，选中"直角三角形的一个重要结论"文字，在"插入"功能区中单击"动作"按钮，弹出"动作设置"对话框，在默认"单击鼠标"选项卡中使其超链接到下一张幻灯片，即完成了小结页面的制作，如图 9.47 所示。

7. 按钮及超链接

至此，课件的主体已经完成，接下来完成课件导航效果。

1）设置导航页（第 2 张幻灯片）的超链接

为了避免给文字设置动作会出现下画线的现象，这里给文本框设置动作。选择第 2 张幻灯片，在编辑区选中"复习"文本框，在"插入"功能区中单击"动作"按钮，弹出"动作设置"对话框，单击"超链接到"单选按钮，在下拉列表中选择"幻灯片…"选项，如图 9.48 所示。

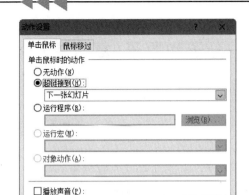 

图 9.47　文字对象的动作设置　　　　　图 9.48　设置导航动作

弹出"超链接到幻灯片"对话框,在其中的"幻灯片标题"列表框中选择"3.幻灯片 3"选项,单击"确定"按钮,如图 9.49 所示。

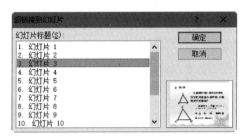

图 9.49　链接到幻灯片 3

用同样的方法设置其他文本框相对应的超链接。

2)设置跳转按钮

接下来还需要在第 5、8、11、12 张幻灯片上分别放置一个按钮,将它们超链接到第 2 张幻灯片,以便增强课件的交互性。

选择幻灯片 5,将按钮 2.png 图片导入编辑区,置于适当位置,作为返回按钮。选中图片,打开"动作设置"对话框,将它超链接到幻灯片 2。

复制这幅图片到幻灯片 8、11、12、14,超链接命令也同时被复制。

选择幻灯片 5,切换到"切换"功能区,在"计时"组的"换片方式"选项下取消对"单击鼠标时"复选框的勾选,以此改变切换方式,使页面跳转更得心应手。

用同样的方法设置其他按钮页的切换方式。幻灯片 14 可以不设置,上课时根据具体情况而定。单击按钮可以返回导航页,在屏幕上单击,可以进入封底页,结束本节课的教学。

8. 封底的制作

把背景.jpg 图片作为背景填充,插入文本框,输入相关信息,设置文字进入的动画效果。这里不再详述制作步骤,请参看课件源文件。

至此,"相似三角形的性质"课件制作完成。

9.4　中学化学教学实例——分子和原子(复习课)

9.4.1　教学思路

（1）兴趣来源于成功。本实例通过学生实验和教学课件，激发学生的学习兴趣，让学生积极主动地投入化学学习，进一步学会理解不同概念之间的区别并进行练习。

（2）在教学过程中，充分体现学生的教学主体地位：让学生通过实验观察，发现信息；选择信息，提出问题，与他人交流。通过教学课件加强学生理解概念的能力。

（3）最后利用化学知识解决实际问题，使学生进一步体会学习化学的重要性，将化学课与生活紧密地联系在一起，体现"贴近生活，贴近社会"的新课程理念。

9.4.2　脚本设计

1. 教学目标

教学目标如表9.5所示。

表9.5　教学目标(分子和原子)

课件题目	分子和原子(复习课)
教学目标	进一步了解分子、原子、纯净物、混合物、氧化物、相对原子质量和相对分子质量的概念，并能正确运用，会判断一些易分辨的、典型的纯净物与混合物；进一步了解元素、元素符号的含义；理解单质、化合物的概念；理解化学式的含义，掌握有关化学式的计算
创作平台	PowerPoint 2010
创作思路	在本课教学中，教师先利用学生实验创设教学情景，让学生在轻松愉快的氛围中发现问题，然后利用教学课件进一步使学生理解本章有关基本概念的区别与联系，通过练习加以巩固。通过生活中的实例使枯燥的概念复习变得生动有趣
内容简介	本课是初中化学人教版(全一册)第2章的复习课

2. 课件整体结构

根据本课的教学实际，设计课件整体结构图，如图9.50所示。

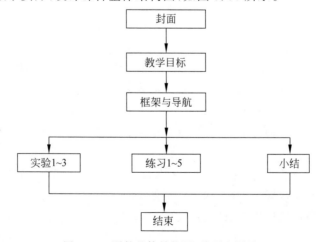

图9.50　课件整体结构图(分子和原子)

9.4.3 实战制作

1. 创建 PowerPoint 文档

1) 创建文档

启动 PowerPoint 2010，新建一个空白演示文稿，设置为空白版式。将演示文稿保存为"分子和原子复习课.pptx"。

2) 改变背景

为了课件界面美观并保持风格的统一，给整个课件设置一样的背景图案，在制作课件时再根据实际情况进行调整。

在"设计"功能区单击"背景样式"按钮，在弹出的下拉列表中选择"设置背景格式"命令，弹出"设置背景格式"对话框，单击左侧窗格列表中的"填充"，在右侧窗格选中"图片或纹理填充"单选按钮，然后单击"文件"按钮，在弹出的"插入图片"对话框中选择背景图片"课件背景.jpg"。单击"插入"按钮，返回"设置背景格式"对话框，单击"全部应用"按钮，然后单击"关闭"按钮完成设置。

2. 制作封面

1) 插入图片(剪贴画)

切换到"插入"功能区，单击"形状"按钮，在弹出的下拉列表中选择"流程图"→"流程图：文档"形状，在编辑区绘制一个图形。在"格式"功能区中选择一种合适的形状样式，如图 9.51 所示。

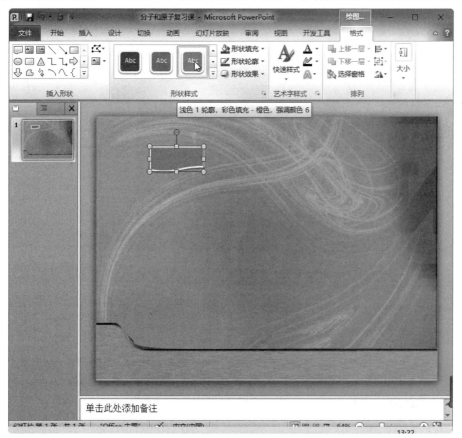

图 9.51　设置形状样式

在该图形上右击,在弹出的快捷菜单中选择"编辑文字"命令,给图形添加文字"第2章"。设置字体为华文新魏,字号为28,粗体,颜色为黑色。

2) 制作课件标题

插入一个横排文本框,设置文字格式,字体为华文行楷,字号为40,粗体,颜色为黑色,输入"分子和原子复习课"几个字。

选择刚插入的文本框,切换到"格式"功能区,单击"形状样式"组中的"形状效果"按钮,在弹出的下拉列表中选择"阴影"→"阴影选项"命令,弹出"设置形状格式"对话框,在"预设"下拉列表中选择"右下斜偏移"选项,设置颜色为红色,透明度为51%,其他保持默认设置,如图9.52所示。

单击"关闭"按钮,这样就给课件标题文字加上了好看的阴影效果。按照同样的方法在编辑区右下角输入讲课人简单情况。

3) 设置封面标题进入动画

选中标题和讲课人信息文字,为它们添加"擦除"动画效果,让文字按从左到右的顺序出现。

在"动画"功能区的"计时"组中,设置开始方式为"上一动画之后",持续时间为"2秒"。完成以后的动画窗格如图9.53所示。

图9.52 设置阴影

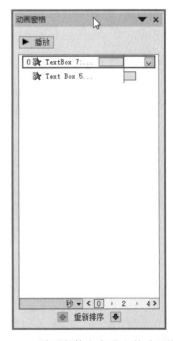

图9.53 "标题"等文字进入的动画设置

4) 添加背景音乐

在"插入"功能区的"媒体"组中单击"音频"按钮,在弹出的下拉列表中选择"文件中的音频"命令,弹出"插入音频"对话框,定位到相关声音文件所在的文件夹,选中相应的"致艾丽丝.rmi"声音文件,如图9.54所示。

单击"插入"按钮后,在幻灯片上会出现一个声音图标(小喇叭),表示声音文件已经插入

图 9.54 "插入音频"对话框

幻灯片,当鼠标指针指向声音图标时,会出现一个声音控制条,单击"播放/暂停"按钮即可播放或暂停声音,如图 9.55 所示。

在幻灯片中插入声音后,会自动显示"音频工具"功能区,其中包括"格式"和"播放"选项卡,在"播放"选项卡的"音频选项"组中勾选"放映时隐藏"复选框,这样就可以在播放幻灯片时隐藏声音图标。

图 9.55 声音图标和控制条

3. 制作第 2 张幻灯片

1)设置页面标题

新建一个空白版式的幻灯片。将封面页中的装饰图形和标题复制到本页,作为本页的标题,然后拖放到页面靠上的位置。适当缩小标题文字。

2)书写文字信息

插入横排文本框,设置文字格式,字体为宋体,字号为 24,居中,颜色默认,输入知识目标一的相应文字。

复制两个同样的文本框,分别把其中的文字改为知识目标二和知识目标三的相应文字。

再插入一个文本框,输入"本节知识目标"几个字,并把它放在标题下靠左的位置。

3)对齐文本

按 Shift 键,同时选中知识目标文字所对应的 3 个文本框对象,在"格式"功能区中单击"对齐"按钮,在弹出的下拉列表中选择"左对齐"和"纵向分布"命令,就可以看到 3 个文本对象已经整齐地排列在页面上了。调整页面上几个对象的位置,使页面布局更合理、美观大方。

设置文字的进入动画效果。第 2 张幻灯片最终效果如图 9.56 所示。

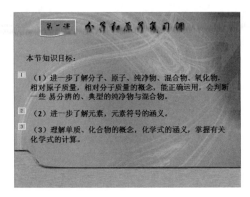

图 9.56　第 2 张幻灯片效果

4. 制作导课页面

1）制作页面对象

插入一张空白版式的新幻灯片,依次插入两个横排文本框。在第 1 个文本框中输入"走进化学课堂"几个字,并设置其字体为宋体,字号为 20。选中此文本框,在"格式"功能区的"形状样式"列表中选择一种合适的样式,如图 9.57 所示。然后单击"形状效果"按钮,在弹出的下拉菜单中选择一种阴影效果。

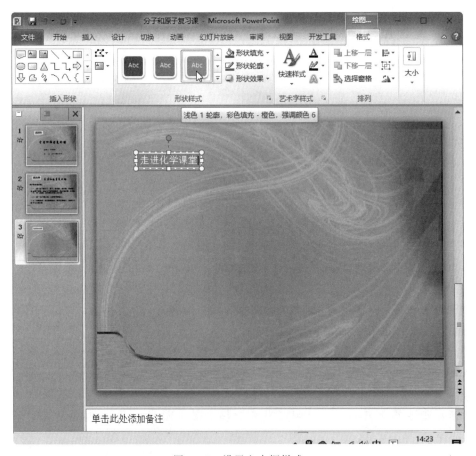

图 9.57　设置文本框样式

在第 2 个文本框中输入"让我们一起步入神奇的化学殿堂",设置字体为华文新魏,字号为 40,粗体,颜色为橘红。给文字设置阴影效果,并调整阴影的距离和颜色等。

2)设置动画效果

选择第 1 个文本框,在"动画"功能区中为其添加一个"缩放"动画进入效果。设置开始方式为"上一动画之后",其他采用默认设置。

用同样的方法对第 2 个文本框添加动画效果。

5. 制作导航页面幻灯片

这张幻灯片中有章节知识网络图和导航图标。

1)制作知识网络图

新建一张空白版式的幻灯片,插入横排文本框,设置文字格式,字体为黑体,字号为 18,颜色为黑色。输入文字"物质",并复制 26 个同样的文本框,改写其中的文字。调整它们之间的位置以符合需要。

在"插入"功能区单击"形状"按钮,在弹出的下拉列表中选择"左大括号"形状,在编辑区插入 10 个大小合适的"左大括号"形状。认真调整文本框和左大括号的位置,最终形成如图 9.58 所示的知识网络结构图。

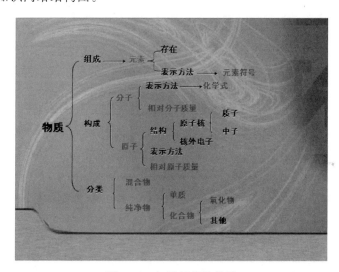

图 9.58　知识网络结构图

2)制作导航图形

选择幻灯片 2,复制 9 个"流程图:文档"形状到幻灯片 4。右击每个形状,在弹出的快捷菜单中选择"编辑文字"命令,添加文字说明,并对文字格式(如字体、字体大小等)进行设置。为了产生悬浮在页面上的效果,可重新给图形填充颜色,并加上阴影效果,调整位置,最终效果如图 9.59 所示。各导航图形所对应的超链接稍后进行设置。

专家点拨:根据需要,可以把重点内容用其他的颜色标识出来。本课件实例中把它们设置为醒目的红色。

6. 制作幻灯片 5(分子原子比较)

1)插入标注图形

新建一张空白版式的幻灯片,在"插入"功能区单击"形状"按钮,在弹出的下拉列表中选

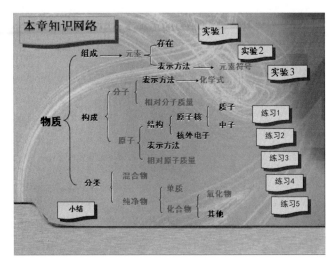

图 9.59　导航页面

择"圆角矩形标注"形状,在页面上拖动鼠标绘制一个标注图形,并输入文字"分子原子比较",设置它的字体格式、填充颜色,并添加阴影效果。

2) 插入表格

切换到"插入"功能区,单击"表格"按钮,在弹出的下拉列表中选择"插入表格"命令,在弹出的"插入表格"对话框中设置表格的列数为 3,行数为 4,在"设计"功能区中对表格样式进行设置。然后对表格进行调整,并输入内容,整个页面完成后如图 9.60 所示。

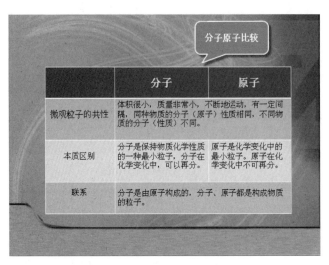

图 9.60　幻灯片 5 的整体效果

7. 制作幻灯片 6(模拟演示)

1) 制作新幻灯片

新建一张空白版式的幻灯片,将第 5 张幻灯片中的标注图形复制过来,将文字改为"模拟演示",适当调整图形的大小和位置。

2)插入 Flash 影片

切换到"开发工具"功能区,单击"其他控件"按钮,弹出"其他控件"对话框,在其中选择 Shockwave Flash Object,如图 9.61 所示。

单击"确定"按钮后,鼠标指针变成十字形,在幻灯片编辑区自左上向右下拖动鼠标绘制一个矩形,如图 9.62 所示。

图 9.61 "其他控件"对话框

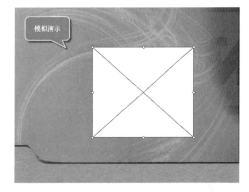

图 9.62 插入 Flash 控件

在"开发工具"功能区单击"属性"按钮,在弹出的"属性"面板中设置 Movie 属性为 fz04.swf,如图 9.63 所示。

专家点拨:输入的路径中必须完整地填写文件扩展名,所导入的 Flash 文件必须与 PowerPoint 文件位于同一目录。如果需要,在"属性"面板中还可设置对象的 Width 和 Height 等属性。详细情况请参见第 6 章的相关内容。

设置完成后,关闭"属性"面板。这时幻灯片上就会显示 Flash 动画效果,如图 9.64 所示。

8. 制作练习页面

幻灯片 7、幻灯片 8 的制作方法与幻灯片 5 大致相同,这里就不再讲述。幻灯片 9~幻灯片 14 都是练习页面,制作方法大致相同,这里以幻灯片 9 为例进行说明。

1)插入图形

新建一张空白版式的幻灯片,插入一个"流程图:文档"图形(也可把前面绘制的图形直接复制过来),添加文字"练习 1"。给图形设置阴影效果,并把它移动到左上角的位置。

2)书写练习题目

插入两个横排文本框,一个输入练习题目,另一个输入练习的答案(C)。设置字体为宋体,字号为 28,粗体,答案的颜色设置为红色,其他为黑色。

3)设置答案的出现效果

选择答案文本框,在"动画"功能区中设置"进入"动画效果为"向

图 9.63 "属性"面板

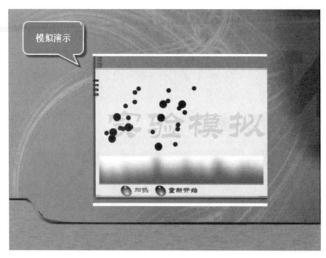

图 9.64　第 6 张幻灯片的效果

内溶解",开始方式为"单击时",其他默认。这样对练习题进行分析后,需要显示正确答案时,只要单击,答案就会显示出来。幻灯片 9 整体效果如图 9.65 所示。

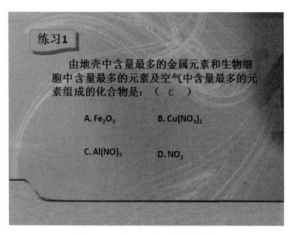

图 9.65　幻灯片 9 整体效果

幻灯片 15～幻灯片 17 的制作方法同上,可根据情况对各页面的各部分设置进入和退出动画。具体内容请参看配套素材中的源文件。

9. 按钮和超链接

到目前为止,制作了 17 张幻灯片,课件的主体部分已经完成。接下来实现课件的导航效果。

1) 设置导航页(第 4 张幻灯片)的超链接

选择第 4 张幻灯片,选中"实验 1"文本框,在"插入"功能区中单击"超链接"按钮,弹出"编辑超链接"对话框。选中左侧列表中的"本文档中的位置"选项,在中间列表框中选择"5.幻灯片 5",单击"确定"按钮,如图 9.66 所示。

用同样的方法设置"实验 2"文本框链接到幻灯片 6;"实验 3"文本框链接到幻灯片 7;

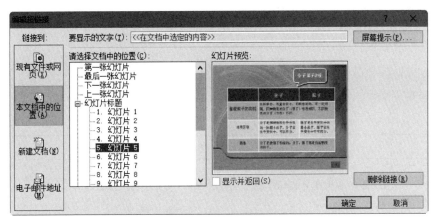

图 9.66　链接到幻灯片 5

"练习 1"文本框链接到幻灯片 9;"练习 2"文本框链接到幻灯片 10;"练习 3"文本框链接到幻灯片 11;"练习 4"文本框链接到幻灯片 12;"练习 5"文本框链接到幻灯片 13;"小结"文本框链接到幻灯片 15。

2) 添加并设置跳转按钮

(1) 添加按钮。

选择幻灯片 5,切换到"插入"功能区,单击"形状"按钮,在弹出的下拉列表中选择"动作按钮"→"开始"动作按钮。在编辑区拖动绘制一个按钮图形,在弹出的"动作设置"对话框中设置将它链接到幻灯片 4。还可以对按钮进行缩放与美化,将它放到页面的右下角合适的地方。

(2) 复制按钮。

复制这个按钮到幻灯片 6、幻灯片 8、幻灯片 9、幻灯片 10、幻灯片 11、幻灯片 12、幻灯片 14,超链接命令也同时被复制。

(3) 设置幻灯片的切换效果。

选择幻灯片 5,切换到"切换"功能区,在"计时"组的"换片方式"选项区域中取消对"单击鼠标时"复选框的勾选,这样,只有单击按钮时才能实现幻灯片的跳转切换。

用同样的方法设置第 6 张、第 8 张、第 14 张幻灯片的换片方式。

至此,"分子和原子(复习课)"课件制作完成。测试一下看看效果吧。

9.5　中学物理教学实例——牛顿第一定律

视频讲解

9.5.1　教学思路

本课旨在通过动态的课件激发学生的学习兴趣,利用学生的好奇心引导学生主动开展探究式学习,变被动接受为主动研究,使学生通过伽利略实验搞清运动和力的关系。

本课件利用实验引导学生从生活走向物理,再从物理走向生活。上课时老师为学生创设意境,激发学生探究的欲望,然后引导学生对提出的问题通过实验进行研究探讨,并对实验现象进行分析总结得出相关的结论,最后让学生用所探究的结论进一步认识生活的常见的现象,并能解释这些现象产生的原因。

9.5.2 脚本设计

1. 教学目标

教学目标如表 9.6 所示。

表 9.6 教学目标(牛顿第一定律)

课件题目	牛顿第一定律
教学目标	1. 掌握牛顿第一运动定律 2. 教给学生研究物理学的正确方法,培养学生逻辑推理的能力
创作平台	PowerPoint 2010
创作思路	本课件旨在通过动态的课件激发学生的学习兴趣,利用学生的好奇心引导学生主动开展探究式学习,变被动接受为主动研究,使学生通过伽利略实验搞清运动和力的关系
内容简介	1. 内容:一切物体在没有受到外力作用时,总保持静止状态或匀速直线运动状态 2. 说明:牛顿第一定律不能直接用实验证明,而是在实验的基础上通过推理、归纳得出的,但这恰是科学家丰富想象力与科学分析相结合的伟大之处。他们抓住了更本质的内容,并且从牛顿第一定律分析其他现象,都经住了实践的检验

2. 课件整体结构图

根据本课件实例的具体情况,设计课件整体结构图,如图 9.67 所示。

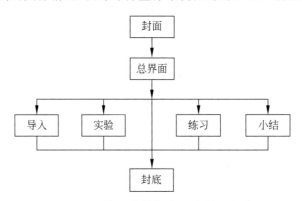

图 9.67 课件整体结构图(牛顿第一定律)

9.5.3 实战制作

1. 新建文档

启动 PowerPoint 2010,新建一个空白演示文稿,设置为空白版式。切换到"设计"功能区,在"主题"列表框中选择"跋涉"主题。单击"颜色"按钮,在弹出的下拉菜单中选择"新建主题颜色"命令,在弹出的"新建主题颜色"对话框中设置一个合适的主题颜色,如图 9.68 所示。单击"保存"按钮保存并应用这个自定义的主题颜色。

在"背景样式"下拉列表中选择一个合适的背景颜色。将演示文稿保存为"牛顿第一定律.pptx"。

图 9.68 "新建主题颜色"对话框

2. 制作课件封面

1) 设置封面背景

在创建文档时,本课件使用了统一的"跋涉"主题。在制作封面时,一般使用个性化的背景。

在"设计"功能区单击"背景样式"按钮,在弹出的下拉列表中选择"设置背景格式"命令,弹出"设置背景格式"对话框,单击"图片或纹理填充"单选按钮,然后单击"文件"按钮,在弹出的"插入图片"对话框中选择背景图片"封面背景.jpg"。单击"插入"按钮返回"设置背景格式"对话框,单击"关闭"按钮完成设置。

2) 制作课件标题

单击"插入"功能区"文本"组中的"艺术字"按钮,在弹出的下拉列表中选择一种艺术字样式。在"艺术字"文本框中输入"牛顿第一定律",然后在"格式"功能区设置艺术字样式,并设置其阴影效果和转换效果。调整艺术字大小并拖放到恰当位置,如图 9.69 所示。

3. 制作导航页幻灯片

新建一张空白版式的幻灯片。在编辑区中插入一个横排文本框,输入"教学环节"几个字。设置字体为楷体,字号为 40,粗体,颜色为黄色。

复制 4 个同样的文本框,将文本框内文字分别改为"引入新课""实验室""巩固练习""小结"。将文字颜色改为白色,放置在适当位置。

插入 001.gif 图片,然后复制 3 个副本,分别放在 4 个导航项前。将文本与图片对齐,如图 9.70 所示。

4. 导课页面的制作

幻灯片 3 用了 3 道思考题步步深入,环环相扣,激发学生兴趣,吸引学生注意力,促使学生积极投入课堂。

图 9.69 课件封面背景和标题

图 9.70 导航页幻灯片效果

幻灯片 4 显示图形并提出两道观察思考题,让学生通过生活经验进行推测,为下一步实验打下基础。这里讲解幻灯片 4 的制作方法。

1) 插入图形

布置好本页面的装饰图片与文字内容后,下面绘制幻灯片 4 中的"斜面小车"图形。

切换到"插入"功能区,单击"形状"按钮,在弹出的下拉列表中选择"直角三角形"形状,在编辑区绘制一个直角三角形。再选择"直线"形状,绘制一条直线,作为地面。用 Shift 键配合鼠标,选中斜面和地面,将它们组合。

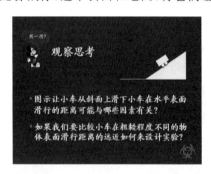

图 9.71 幻灯片 4 的最终效果

利用"矩形"工具和"椭圆"工具绘制车身和车轮,组合后拖动到斜面上。将鼠标指针靠近小车正上方的绿色控制点,直到出现圆弧形箭头,这时按下鼠标左键旋转小车与斜面平行,调整自选图形的填充色,页面最终效果如图 9.71 所示。

2) 设置动画效果

此页面中对象出现的先后次序是标题、斜面小车、问题 1 与问题 2。根据这样的安排,标题可以不设置任何进入动画,幻灯片打开即可显示。

选择"斜面小车"组合对象,在"动画"功能区中设置对象进入的效果为"淡出",开始方式为"单击时",其他默认。

分别选择"问题 1"与"问题 2"组合对象,根据个人喜好设置对象的进入效果。注意对象进入的先后次序不可混乱。

5. "实验室"模块的制作

"实验室"模块包括幻灯片 5~幻灯片 8。

1) 幻灯片 5 的制作

幻灯片 5 主要插入了一个 Flash 动画(test.swf),用来模拟演示牛顿第一定律实验。课堂实际讲解时,在让学生观察模拟演示动画之前,可以先安排学生根据实验设计分组进行实际操作。在动手实验的基础上,观察模拟实验,加深对实验现象的认识与理解。有关 Flash 动画插入幻灯片的方法请参看第 6 章的相关内容。最后,插入两个文本框,分别输入文本内容,完成幻灯片 5 的制作。

2) 幻灯片 6 的制作

插入幻灯片 6(一张空白版式的幻灯片),复制幻灯片 5 中的 Flash 动画对象到幻灯片 6。然后插入一个 4 行 3 列的表格,调整其大小、行间距、列间距,并设置其合适的表格样式。

在表格中输入相应的文字,并定义合适的文字格式,幻灯片 6 的最终效果如图 9.72 所示。最后设置该页面的动画效果。

幻灯片 7 和幻灯片 8 上主要是一些文本对象,这里不再详述制作步骤,具体内容请参看配套素材上的源文件。

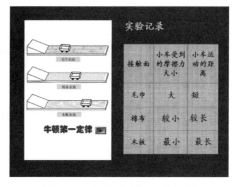

图 9.72　幻灯片 6 的最终效果

6. 完成其他页面的制作

幻灯片 9 和幻灯片 10 是练习页面,幻灯片 11 是小结页面,幻灯片 12 是封底,要点是插入文本与设置自定义动画,具体方法不再详述,请对照源文件一一完成。

7. 页面导航

选择第 2 张幻灯片,在编辑区选中"引入新课"文本框,在"插入"功能区中单击"动作"按钮,弹出"动作设置"对话框,选中"超链接到"单选按钮,在下拉列表框中选择"幻灯片…"选项,在弹出的"超链接到幻灯片"对话框中选择幻灯片 3,单击"确定"按钮。用同样的方法设置其他文本框相对应的超链接。

最后在第 4 张幻灯片上放置一个按钮,将它超链接到第 2 张幻灯片,复制这个按钮到第 8、10、11 张幻灯片,即完成了页面的导航。

8. 设置幻灯片切换方式

单击第 1 张幻灯片缩略图。切换到"切换"功能区,在"切换到此幻灯片"组中的"幻灯片切换效果"列表框中选择一种幻灯片切换方式(如"百叶窗"),然后在"效果选项"列表中选择"垂直",单击"全部应用"按钮。

至此,本实例制作完成。

图书资源支持

感谢您一直以来对清华版图书的支持和爱护。为了配合本书的使用,本书提供配套的资源,有需求的读者请扫描下方的"书圈"微信公众号二维码,在图书专区下载,也可以拨打电话或发送电子邮件咨询。

如果您在使用本书的过程中遇到了什么问题,或者有相关图书出版计划,也请您发邮件告诉我们,以便我们更好地为您服务。

我们的联系方式:

清华大学出版社计算机与信息分社网站:https://www.shuimushuhui.com/

地　　址:北京市海淀区双清路学研大厦 A 座 714

邮　　编:100084

电　　话:010-83470236　010-83470237

客服邮箱:2301891038@qq.com

QQ:2301891038(请写明您的单位和姓名)

资源下载:关注公众号"书圈"下载配套资源。

书圈

清华计算机学堂

观看课程直播